CARTILHA DE ALFABETIZAÇÃO

# CAMINHO DO SABER

## MINHA PRIMEIRA CARTILHA

ADSON VASCONCELOS



BICHO ESPERTO

## EXPEDIENTE

| | |
|---|---|
| Fundador | **Italo Amadio** *(in memoriam)* |
| Diretora Editorial | **Katia F. Amadio** |
| Editor | **Eduardo Starke** |
| Revisão | **Patrícia Harumi** |
| Projeto gráfico | **Leonel Luiz** |
| Diagramação | **Leonel Luiz**<br>**Sergio A. Pereira** |
| Ilustrações | **Vanessa Alexandre**<br>**Marcelo Gagliano** |
| Colorização | **Adriana da Silva** |

**Dados Internacionais de Catalogação na Publicação (CIP)**
**Angélica Ilacqua CRB-8/7057**

Vasconcelos, Adson

Minha primeira cartilha de alfabetização / Adson Vasconcelos ; ilustrações de Marcelo Gagliano, Vanessa Alexandre. -- São Paulo : Rideel, 2021.

128 p. : il., color (Caminho do saber : Cartilha de alfabetização)

ISBN 978-65-5738-394-0

1. Alfabetização 2. Cartilhas 3. Educação infantil I. Título II. Gagliano, Marcelo III. Alexandre, Vanessa

21-3747 CDD 372.41

Índice para catálogo sistemático:
1. Alfabetização - Cartilhas




EDITORA RIDEEL

BICHO ESPERTO

ABDR
EDITORA AFILIADA

Av. Casa Verde, 455 – Casa Verde
CEP 02519-000 – São Paulo – SP
e-mail: sac@rideel.com.br
www.editorarideel.com.br

Prezado leitor aprendiz,

Este livro foi carinhosamente elaborado para ajudá-lo a realizar muitas descobertas sobre a escrita, conhecer as letras e o alfabeto, aprender a escrita de palavras etc.

O objetivo é auxiliá-lo para que você dê os primeiros passos no aprendizado da leitura e da escrita, habilidades que você usará por toda a sua vida.

Conto com o seu esforço e a sua dedicação para que, muito em breve, você sinta o prazer de ler e de escrever e, assim, possa participar com autonomia de variadas práticas que envolvem a leitura e a escrita no dia a dia.

Vamos começar logo essa grande aventura pelo fascinante mundo da escrita? Então, vire a página e faça suas descobertas. Bons estudos para você!

*Adson Vasconcelos*

Adson Vasconcelos é habilitado em Magistério para o Ensino Fundamental I e Educação Infantil, Licenciado em Letras e em Pedagogia, Mestre em Linguística e Análise do Discurso. É professor e coordenador da área de Língua Portuguesa na rede pública e privada e é autor de diversos livros didáticos e pedagógicos.

# LETRA A

A

APITO

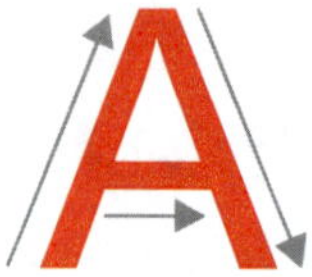

1. CUBRA A LETRA A.

A A A A A A A

2. COMPLETE ESTAS PALAVRAS COM A LETRA A INICIAL.

| | N | E | L |
|---|---|---|---|

| | V | I | Ã | O |
|---|---|---|---|---|

| | L | H | O |
|---|---|---|---|

| | Q | U | Á | R | I | O |
|---|---|---|---|---|---|---|

3. CIRCULE A PLACA QUE CONTÉM A LETRA A.

4. **PINTE TODA LETRA A QUE ENCONTRAR NO QUADRO.**

5. **PINTE OU CIRCULE A LETRA A NAS DIFERENTES PARTES DESTAS PALAVRAS.**

| A | R | A | R | A |
|---|---|---|---|---|

| A | B | E | L | H | A |
|---|---|---|---|---|---|

| A | G | U | L | H | A |
|---|---|---|---|---|---|

| A | B | A | C | A | X | I |
|---|---|---|---|---|---|---|

| A | B | A | C | A | T | E |
|---|---|---|---|---|---|---|

| A | B | Ó | B | O | R | A |
|---|---|---|---|---|---|---|

E

EMA

E

1. CUBRA A LETRA E.

E E E E E E E

2. CIRCULE NO CRACHÁ O NOME INICIADO POR E.

3. PINTE A PLAQUINHA QUE CONTÉM A LETRA E.

**4.** **PINTE A LETRA E NA PALAVRA ELEFANTE, TODA VEZ QUE A ENCONTRAR**

| E | L | E | F | A | N | T | E |
|---|---|---|---|---|---|---|---|

**5.** **CIRCULE TODA LETRA E ESCRITA NA POSIÇÃO CORRETA.**

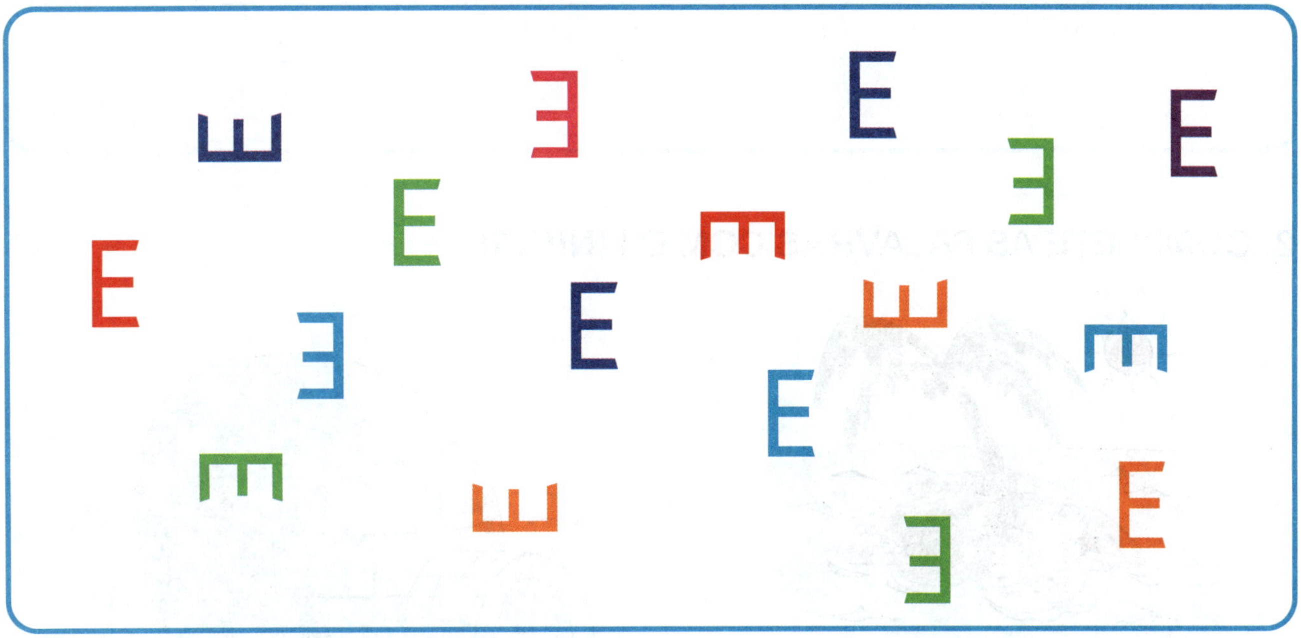

**6.** **COMPLETE COM A LETRA E INICIAL. DEPOIS, COPIE CADA PALAVRA.**

| | S | C | A | D | A |
|---|---|---|---|---|---|

| | | | | | |
|---|---|---|---|---|---|

| | S | C | O | V | A |
|---|---|---|---|---|---|

| | | | | | |
|---|---|---|---|---|---|

## LETRA I

I

IGREJA

I

1. CUBRA A LETRA I.

I I I I I I I

2. COMPLETE AS PALAVRAS COM O I INICIAL.

| | L | H | A |
|---|---|---|---|

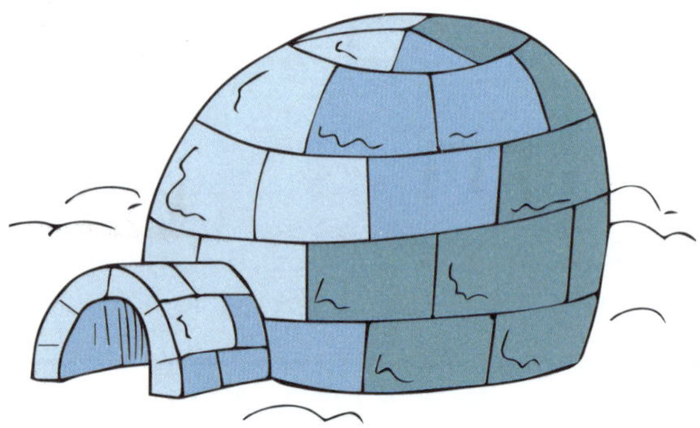

| | G | L | U |
|---|---|---|---|

| | O | I | Ô |
|---|---|---|---|

| | G | U | A | N | A |
|---|---|---|---|---|---|

3. CIRCULE TODA LETRA I QUE ENCONTRAR NOS BALÕES.

4. COMPLETE AS PALAVRAS COM A LETRA I.

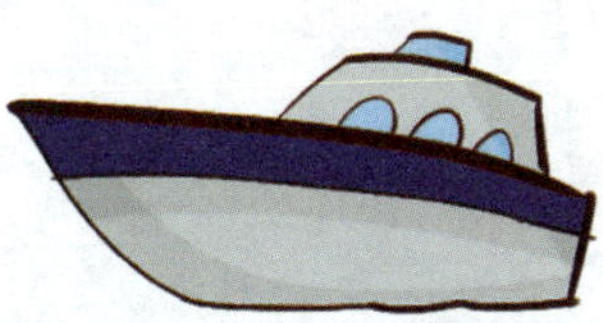

|   | A | T | E |
|---|---|---|---|

| M |   | L | H | O |
|---|---|---|---|---|

| P | E |   | X | E |
|---|---|---|---|---|

| Q | U | A | T |   |
|---|---|---|---|---|

# LETRA O

O  **OVELHA** O

**1. CUBRA A LETRA O.**

O O O O O O O

**2. ENCONTRE E PINTE AS OVELHAS QUE TÊM A LETRA O.**

**3. A PALAVRA OLHO APARECE 3 VEZES NO QUADRO ABAIXO. CIRCULE-A TODA VEZ QUE ENCONTRAR.**

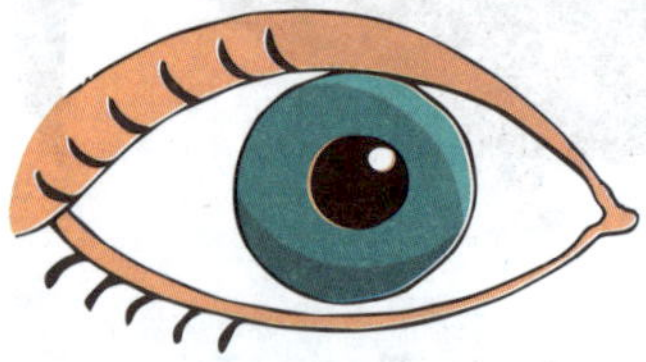

| | | |
|---|---|---|
| OLHO | ÓLEO | OVOS |
| OGRO | OLHO | OBRA |
| OSSO | OITO | OLHO |

**4. CIRCULE O NOME DO MEIO DE TRANSPORTE INICIADO COM A LETRA O.**

AVIÃO

NAVIO

BICICLETA

ÔNIBUS

**5. CIRCULE O NOME INICIADO COM A LETRA O.**

GATO RÃ BOI ONÇA ZEBRA

**6. PINTE A LETRA O NAS DIFERENTES PARTES DESTAS PALAVRAS.**

| O | I | T | O |
|---|---|---|---|

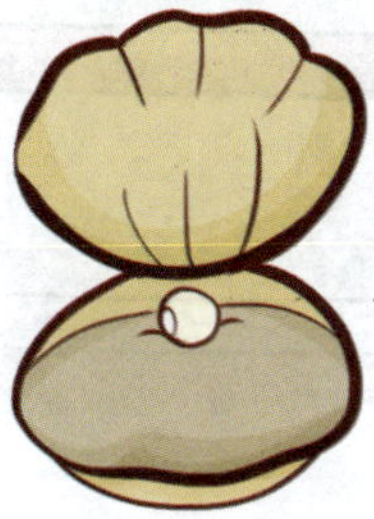

| O | S | T | R | A |
|---|---|---|---|---|

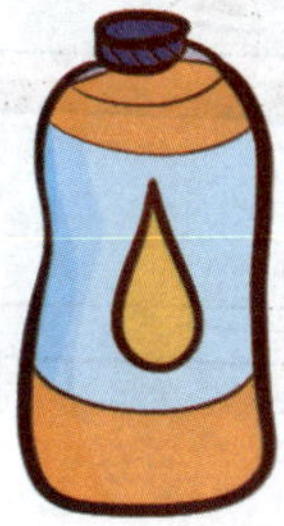

| Ó | L | E | O |
|---|---|---|---|

| O | V | O |
|---|---|---|

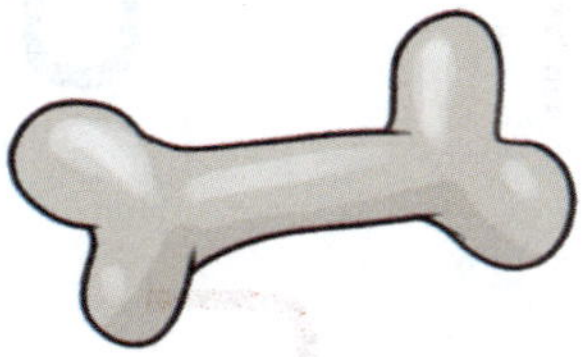

| O | S | S | O |
|---|---|---|---|

| Ó | C | U | L | O | S |
|---|---|---|---|---|---|

## LETRA U

U

UVA

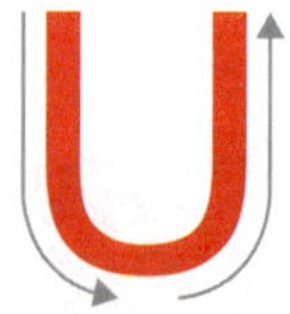

1. CUBRA A LETRA U.

U U U U U U U

2. CIRCULE TODA LETRA U NO QUADRO ABAIXO.

3. CIRCULE TODA LETRA U ESCRITA NA POSIÇÃO CORRETA.

**4.** PINTE TODA LETRA **U** EXISTENTE NESTAS PALAVRAS.

| U | R | U | B | U |
|---|---|---|---|---|

| U | R | U | T | U |
|---|---|---|---|---|

**5.** COMPLETE AS PALAVRAS COM A LETRA **U** INICIAL.

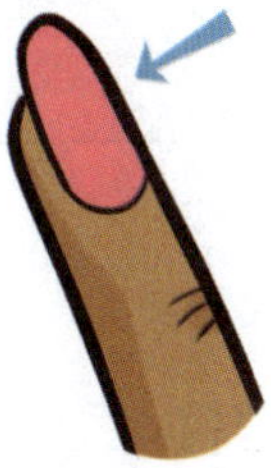

|   | N | H | A |
|---|---|---|---|

|   | R | S | O |
|---|---|---|---|

|   | R | N | A |
|---|---|---|---|

**6.** COMPLETE AS PALAVRAS ABAIXO COM A LETRA **U**.

| B |   | L | E |
|---|---|---|---|

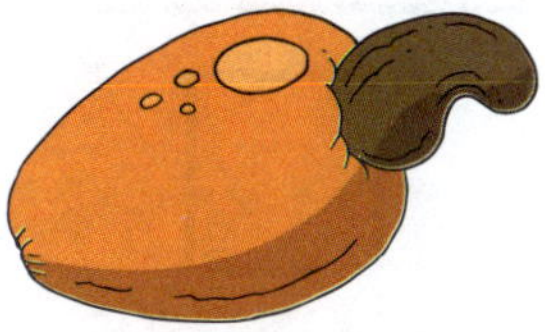

| C | A | J |   |
|---|---|---|---|

| L |   | P | A |
|---|---|---|---|

| T | A | T |   |
|---|---|---|---|

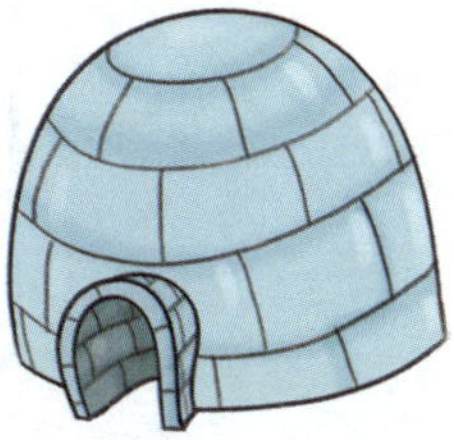

| I | G | L |   |
|---|---|---|---|

| B | L |   | S | A |
|---|---|---|---|---|

## VOGAIS

AS LETRAS PODEM SER VOGAIS OU CONSOANTES.

A, E, I, O, U, POR EXEMPLO, SÃO LETRAS VOGAIS.

1. CUBRA E COPIE AS VOGAIS A SEGUIR.

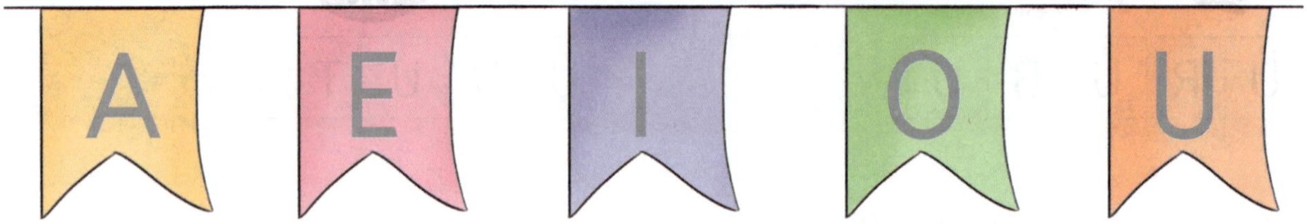


_____ _____ _____ _____ _____

2. ESCREVA A VOGAL INICIAL REFERENTE A CADA FIGURA.

☐

☐

☐

☐

☐

**3.** LIGUE CADA FIGURA À VOGAL CORRESPONDENTE.

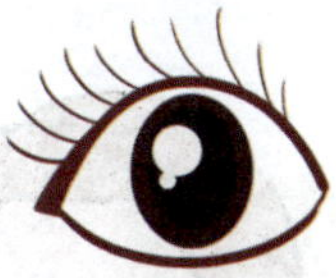

A

E

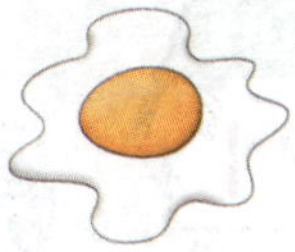

I

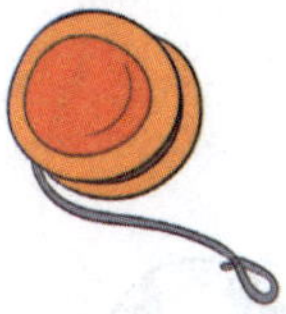

O

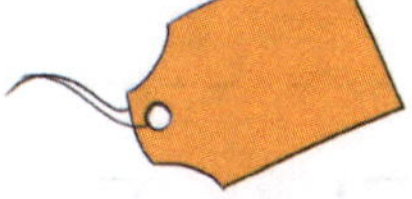

U

**4.** CONTINUE A ESCREVER A VOGAL INICIAL REFERENTE A CADA FIGURA QUE APARECE NOS VAGÕES.

# ENCONTRO DE VOGAIS

**1.** JUNTE AS VOGAIS E ESCREVA A PALAVRA QUE VOCÊ FORMOU.

| AI | | | | |
|---|---|---|---|---|

**2.** CIRCULE NO QUADRO A PALAVRA MAIS ADEQUADA À CENA ABAIXO. DEPOIS, COMPLETE O BALÃO DE FALA.

| EI | EU |
|---|---|
| OI | UI |

**3.** ESCREVA O NOME DESTE BRINQUEDO USANDO APENAS ESTAS VOGAIS: I, O.

| | | | ^ |
|---|---|---|---|

**4.** ESCOLHA A MELHOR PALAVRA PARA CADA CENA E ESCREVA-A NO BALÃO DE FALA.

| AI | AU | EI | EU | OI | UAU |
|---|---|---|---|---|---|

# CONSOANTES

AS LETRAS QUE NÃO SÃO VOGAIS RECEBEM O NOME DE CONSOANTES. A SEGUIR, CONHEÇA ALGUMAS DELAS.

**B** (BÊ)

**B**EBÊ

**C** (CÊ)

**C**ENOURA

**D** (DÊ)

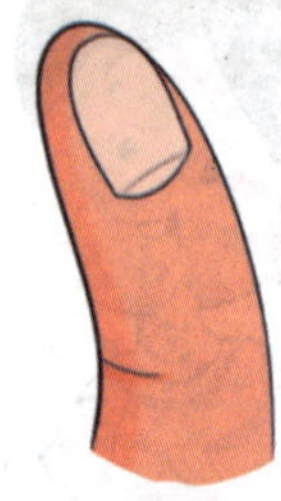

**D**EDO

**F** (EFE)

**F**OCA

**G** (GÊ)

**G**ELO

**J** (JOTA)

**J**ACARÉ

**L** (ELE)

**L**EÃO

**M** (EME)

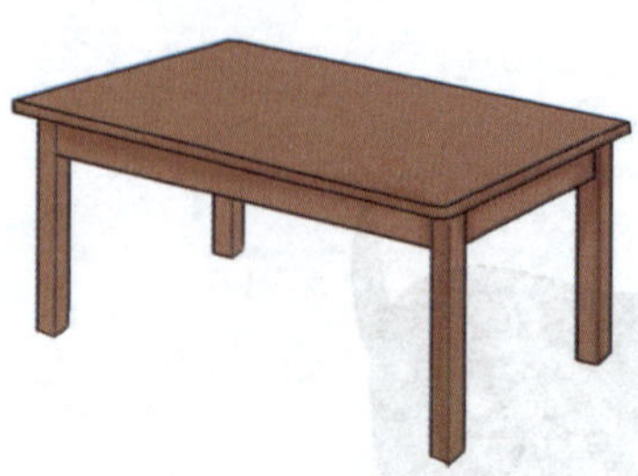

**M**ESA

**N** (ENE)

**N**AVIO

**P** (PÊ)

**PERA**

**Q** (QUÊ)

**QUEIJO**

**R** (ERRE)

**REDE**

**S** (ESSE)

**SELO**

**T** (TÊ)

**TELEFONE**

**V** (VÊ)

**VELA**

**X** (XIS)

**XADREZ**

**Z** (ZÊ)

**ZEBRA**

B

BEBÊ

1. CUBRA A LETRA B.

B B B B B B B

2. COPIE AS SÍLABAS A SEGUIR.

BA BE BI BO BU BÃO

3. CIRCULE A PALAVRA IGUAL À DO DESTAQUE.

BOLO

BOTA BOLO BOTO

BOLA BOCA BOTE

BONÉ

BOLA BODE BONÉ

BOLO BOCA BOBA

**4. COMPLETE AS PALAVRAS COM BA, BE, BI, BO, BU OU BÃO.**

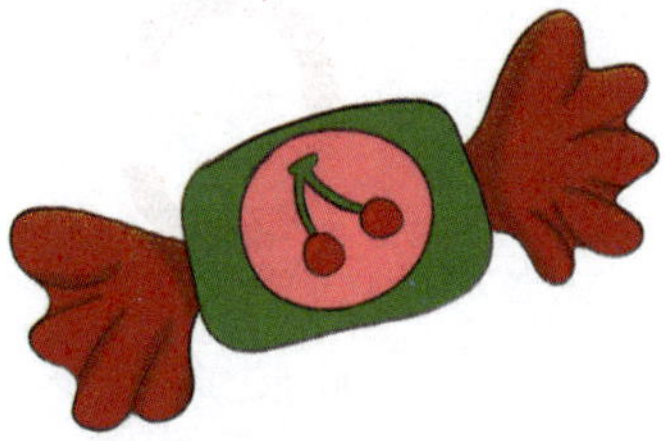

| | | L | A |
|---|---|---|---|

| | | B | Ê |
|---|---|---|---|

| | | F | E |
|---|---|---|---|

| | | L | A |
|---|---|---|---|

| | | L | E |
|---|---|---|---|

| S | A | | | |
|---|---|---|---|---|

**5. CIRCULE A PALAVRA QUE NOMEIA CADA FIGURA.**

SONECA

BONECA

CANECA

BANANA

BACANA

CABANA

BARATA

BATATA

SUCATA

# LETRA C
# CA, CO, CU, CÃO

C  COPO C

**1.** CUBRA A LETRA C.

C C C C C C C

**2.** CUBRA CADA PALAVRA E LIGUE-A À FIGURA CORRESPONDENTE.

COCO • 

CASA • 

CUCO • 

CÃO • 

3. PINTE TODOS OS ESPAÇOS EM QUE HAJA A LETRA C E SURGIRÁ UM VEÍCULO CUJO NOME COMEÇA COM C.

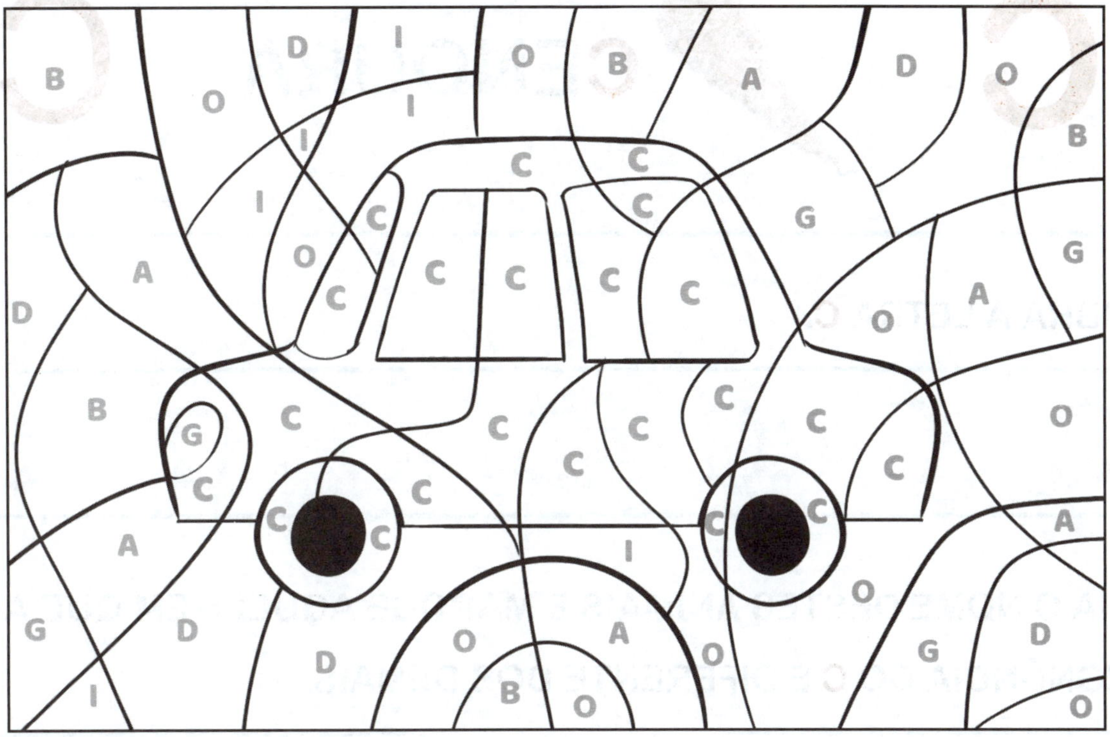

4. COMPLETE AS PALAVRAS COM CA, CO, CU OU CÃO.

| | | |
|---|---|---|
|  _____VALO |  _____ELHO |  _____RUJA |
|  PA_____ |  _____CHORRO |  FAL_____ |

# LETRA C
# CE, CI

C  **C**ENOURA C

**1.** CUBRA A LETRA C.

C C C C C C C

**2.** LEIA O NOME DESTES ANIMAIS E MARQUE AQUELE EM QUE A PRONÚNCIA DO C É DIFERENTE DOS DEMAIS.

☐ CIGARRA

☐ CEGONHA

☐ CISNE

☐ CORUJA

3. **COPIE OS NOMES QUE ESTÃO NOS CRACHÁS.**

CECÍLIA

CIBELE

CELINA

____________ ____________ ____________

4. **COMPLETE COM CE OU COM CI.**

____BOLA

____PÓ

____REJA

AL____

SA____

ALFA____

TE____DO

DO____

____LULAR

# LETRA D

D 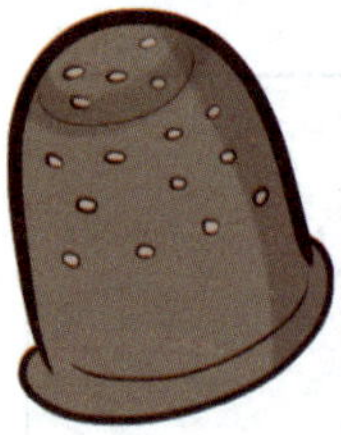 DEDAL D

1. CUBRA A LETRA D.

D D D D D D D

2. COPIE AS SÍLABAS A SEGUIR.

DA DE DI DO DU DÃO

______ ______ ______ ______ ______ ______

3. PINTE AS SÍLABAS QUE FORMAM A PALAVRA DADO.

DA DE DI

DO DU

DADO

**4. PINTE AS SÍLABAS QUE FORMAM A PALAVRA DEDO.**

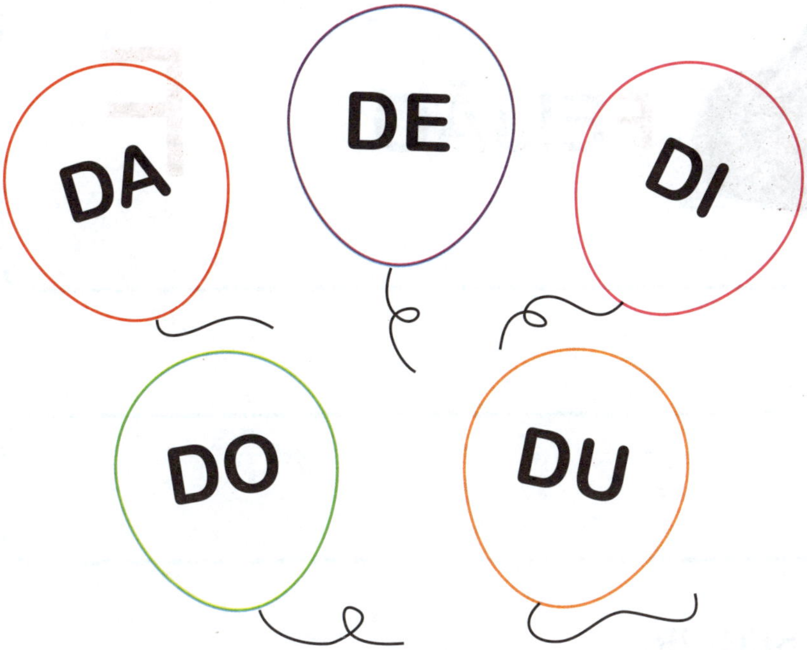


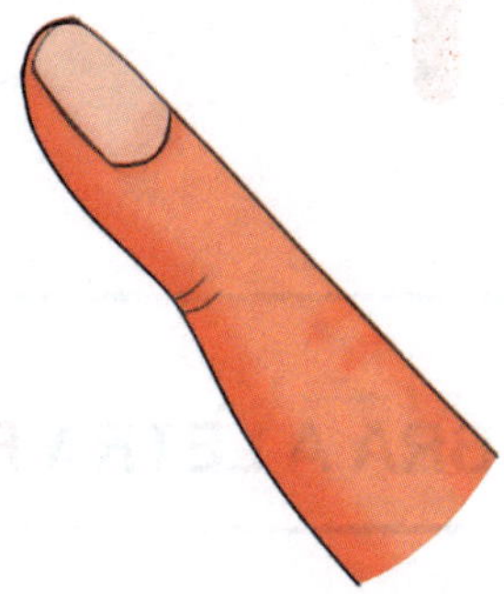

DEDO

**5. COMPLETE COM DA, DE, DI, DO, DU OU DÃO.**

_____CE

_____CHA

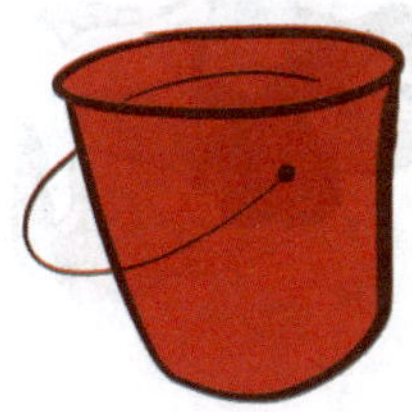

BAL_____

EMPA_____

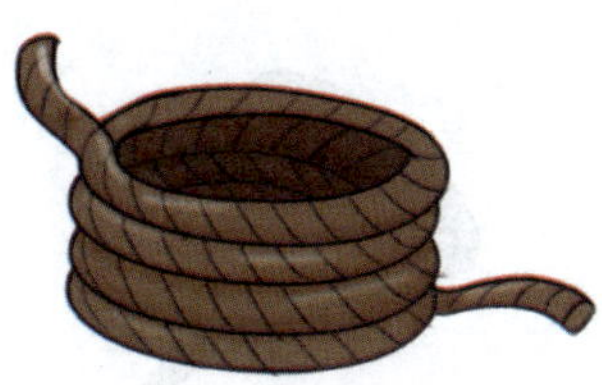

COR_____

ALGO_____

# LETRA F

F 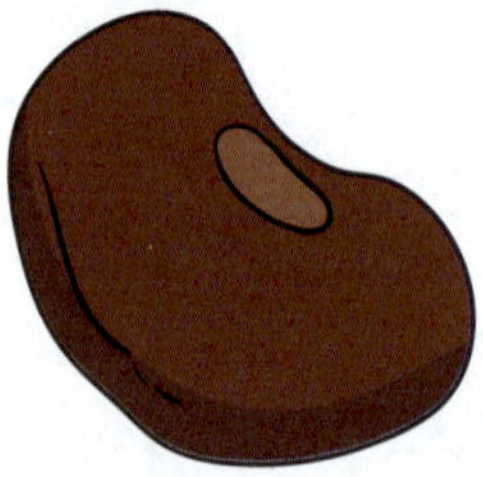 FEIJÃO F

**1.** CUBRA A LETRA F.

F F F F F F F

**2.** CUBRA AS PALAVRAS A SEGUIR.

| FA | FE | FI |
|---|---|---|
|  |  |  |
| FADA | FEBRE | FIGO |

| FO | FU | FÃO |
|---|---|---|
|  |  |  |
| FOLHA | FUNIL | TUFÃO |

3. CIRCULE A PALAVRA FOCA TODA VEZ QUE ENCONTRAR.

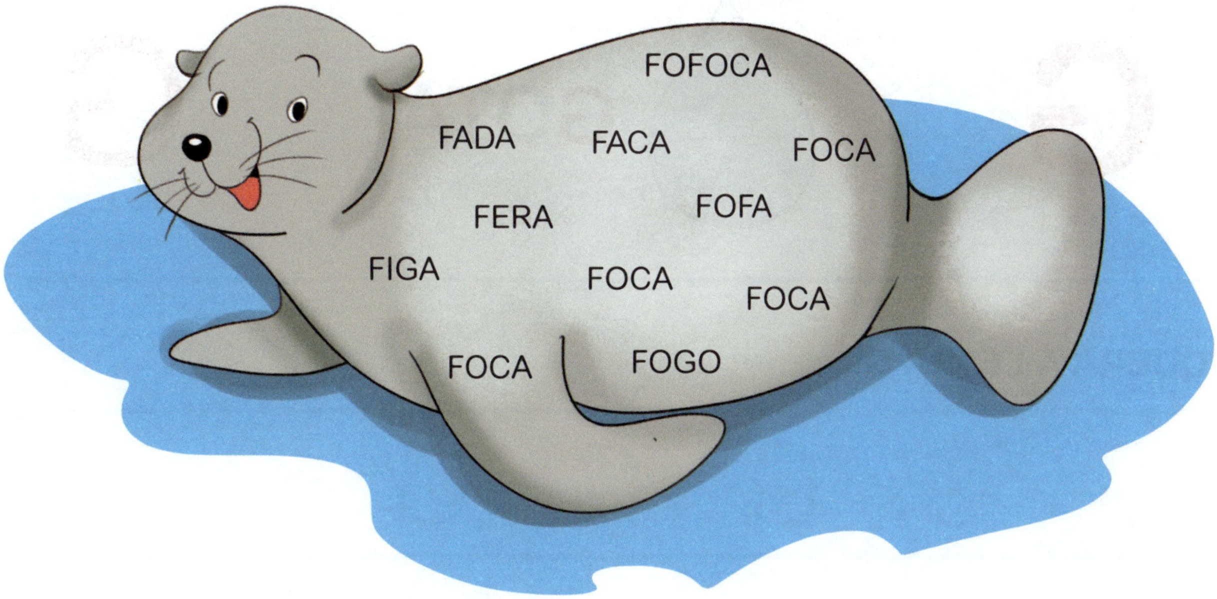


4. LIGUE CADA FIGURA À PALAVRA CORRESPONDENTE.

FUTEBOL

FAROL

XERIFE

FILA

FACA

FOGO

# LETRA G
# GA, GO, GU, GÃO

G  GOTA 

**1. CUBRA A LETRA G.**

G G G G G G G

**2. COPIE AS SÍLABAS A SEGUIR.**

GA ______ GO ______ GU ______ GÃO ______

**3. CIRCULE O NOME DE CADA ANIMAL.**

GALO
GATO
GADO

GAGO
GOLA
GALO

GAMBÁ
GUARÁ
GANSO

**4.** PINTE NA MESMA COR AS PALAVRAS IGUAIS, CONFORME AS CORES DA PRIMEIRA COLUNA.

| | | |
|---|---|---|
| GADO | GURI | VAGÃO |
| GOMA | VAGÃO | GURI |
| GURI | GADO | GOMA |
| VAGÃO | GOMA | GADO |

**5.** COMPLETE COM A SÍLABA QUE FALTA: GA, GO, GU OU GÃO.

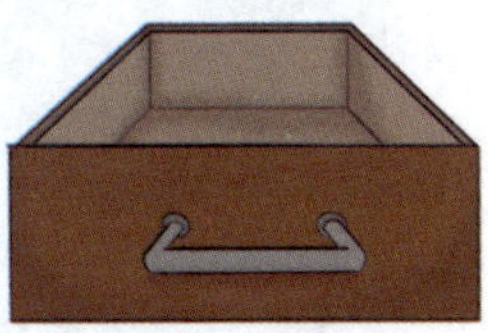

_____VETA

MORAN_____

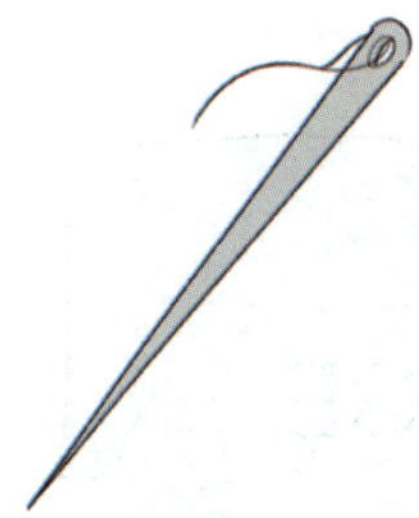

A_____LHA

DRA_____

_____VIÃO

FO_____

## LETRA G
## GE, GI

G

GELO

**1.** CUBRA A LETRA G.

G G G G G G G

**2.** COPIE AS SÍLABAS A SEGUIR.

__________ __________ __________ __________

**3.** COMPLETE COM GE OU GI E FORME PALAVRAS.

VE → [ ] → LA

TI → [ ] → TAL

RU → [ ] → NA

PÁ → [ ] → DO

4. **PINTE O ANIMAL CUJO NOME COMEÇA COM G.**

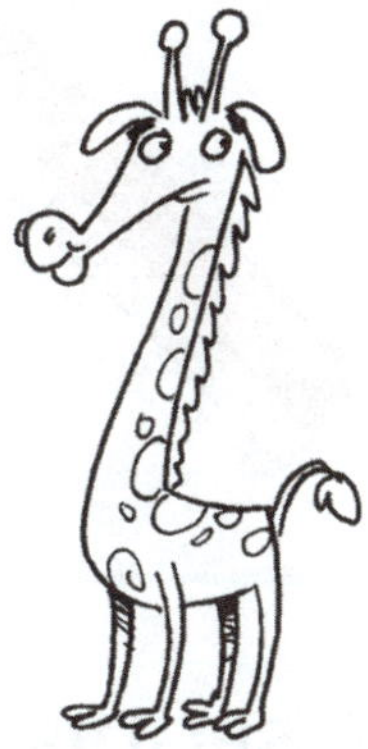

5. **LIGUE CADA FIGURA AO NOME CORRESPONDENTE.**

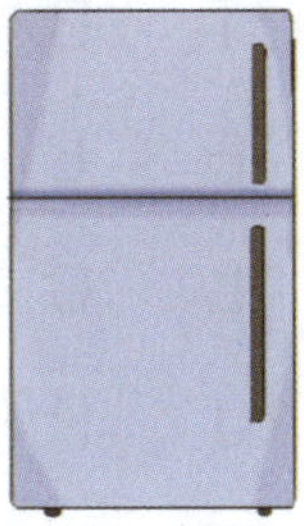

ALGEMA

MÁGICO

GELATINA

GELADEIRA

GIZ

TIGELA

GIRASSOL

DIGITAL

# LETRA G
# GUA, GUO, GUÃO

**GUA,**
**GUO,**
**GUÃO**

**RÉGUA**

**1. COPIE AS SÍLABAS A SEGUIR.**

**2. ENCONTRE E PINTE O NOME DESTES ANIMAIS NO DIAGRAMA.**

ÉGUA

IGUANA

GUAXINIM

| M | C | F | H | W | E | Q | R | B | S | K | T | C | H | U |
|---|---|---|---|---|---|---|---|---|---|---|---|---|---|---|
| R | A | X | G | U | A | X | I | N | I | M | K | R | X | C |
| C | R | C | B | R | K | O | C | F | A | O | C | T | B | R |
| Y | C | L | V | F | B | Y | U | E | V | L | H | E | L | V |
| P | H | I | G | U | A | N | A | Z | T | C | V | L | C | S |
| W | E | P | O | M | K | D | W | U | P | H | L | J | P | I |
| A | T | Q | R | C | G | Ç | P | E | W | A | É | G | U | A |

**3. COPIE AS PALAVRAS A SEGUIR.**

GUACHE

GUARANÁ

GUARANI

SAGUÃO

ÁGUA

GUARITA

**4. DECIFRE O CÓDIGO E ESCREVA O NOME DE UMA ESPÉCIE DE CARANGUEJO.**

| ☀ | ♣ | ☂ | ♪ | ♥ |
|---|---|---|---|---|
| A | G | I | M | U |

| ♣ | ♥ | ☀ | ☂ | ☀ | ♪ | ♥ | ♪ |
|---|---|---|---|---|---|---|---|
| | | | | | | | |

# GUE, GUI

**FOGUETE**

G

## 1. LEIA, CUBRA E COPIE.

GUERINO

GUILHERME

## 2. FAÇA COMO NO EXEMPLO A SEGUIR.

FIGO

FIGUINHO

FOGO

LAGO

PULGA

MANGA

MORANGO

**3. COPIE AS PALAVRAS A SEGUIR.**

GUITARRA

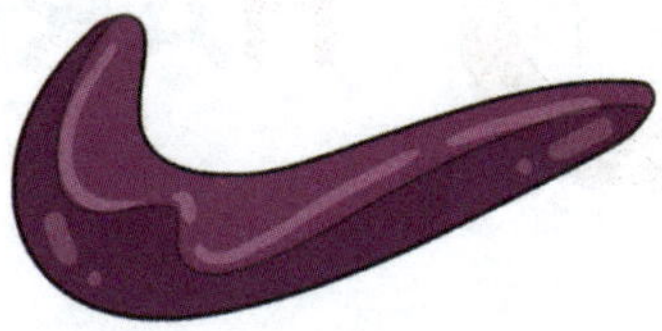

BUMERANGUE

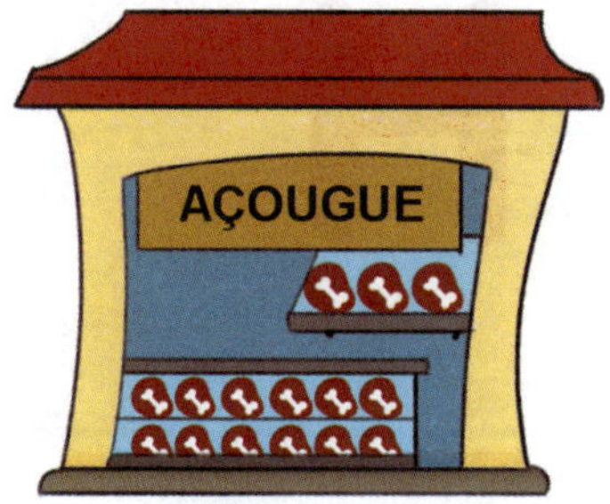


AÇOUGUE

ESPAGUETE

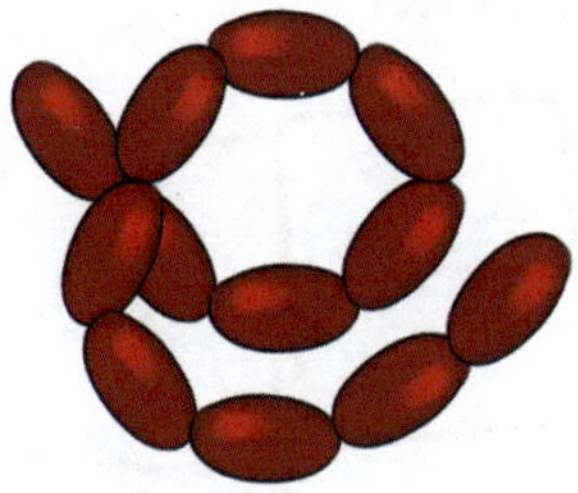

LINGUIÇA

CARANGUEJO

JEGUE

ÁGUIA

SAGUI

# LETRA H

H

HARPA

H

1. CUBRA A LETRA H.

H H H H H H H

2. CUBRA AS SÍLABAS A SEGUIR.

HA HE HI HO HU HÃO

3. CUBRA E LEIA AS PALAVRAS A SEGUIR.

HIENA

HOMEM

HIDRANTE

A LETRA H INICIAL NÃO REPRESENTA NENHUM SOM DA FALA. POR ISSO, ELA NÃO É PRONUNCIADA QUANDO LEMOS OU FALAMOS UMA PALAVRA INCIADA POR H.

## 4. LIGUE A FIGURA À PALAVRA CORRESPONDENTE.

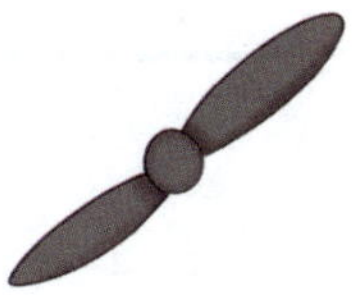

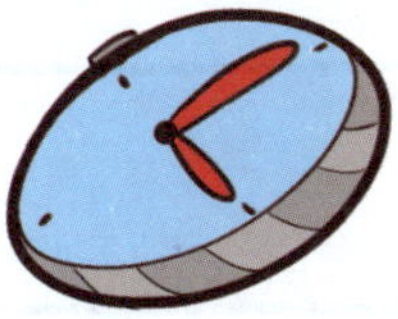

HOSPITAL

HORA

HERÓI

HOTEL

HIPOPÓTAMO

HELICÓPTERO

HORTELÃ

HÉLICE

## 5. PINTE A FRASE QUE MAIS COMBINA COM A FIGURA.

HÁ HÉLICE NO HELICÓPTERO.

HÁ HORTELÃ NA HORTA.

HÁ HARPA NA BANDA.

## LETRA J

J

JACA

J

**1. CUBRA A LETRA J.**

J J J J J J J

**2. CUBRA AS PALAVRAS A SEGUIR.**

JA

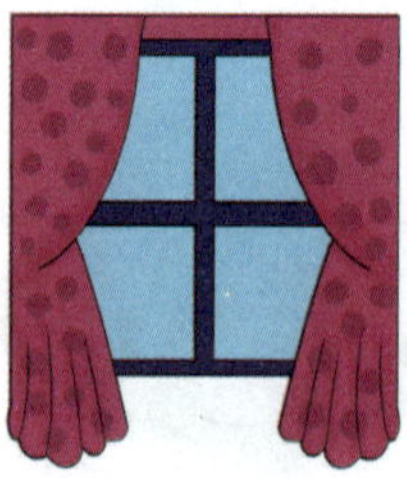

JANELA

JE

JEGUE

JI

JIBOIA

JO

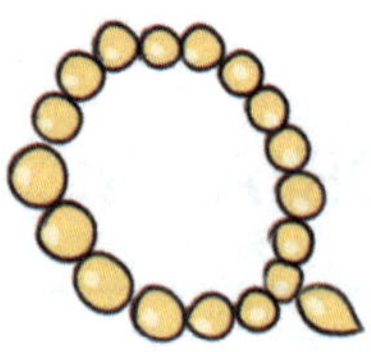

JOIA

JU

JUIZ

JÃO

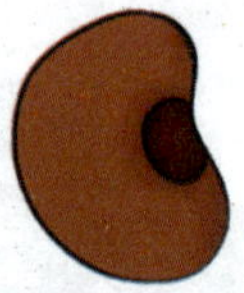

FEIJÃO

**3. COMPLETE COM JA, JE, JI, JO, JU OU JÃO.**

AN____

PI____MA

BERIN____LA

____MENTO

AZULE____

BOTI____

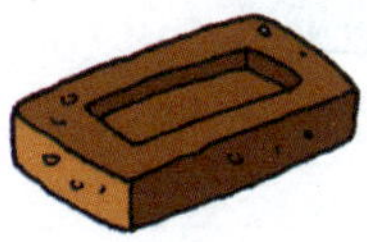

TI____LO

CA____

____QUETA

**4. SEPARE AS PALAVRAS CONFORME A SÍLABA INICIAL.**

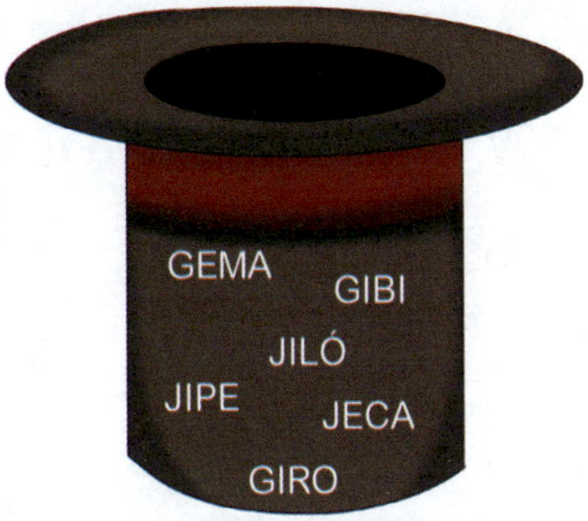


| GE, GI | JE, JI |
|---|---|
| ________ | ________ |
| ________ | ________ |
| ________ | ________ |

# L

**LUA**

1. CUBRA A LETRA L.

L L L L L L L

2. COPIE AS SÍLABAS A SEGUIR.

______ ______ ______ ______ ______ ______

3 . ENCONTRE NO DIAGRAMA O NOME DESTES ANIMAIS.

LOBO

LEÃO

LEBRE

| | | | | | | | | | | | |
|---|---|---|---|---|---|---|---|---|---|---|---|
| A | B | D | G | F | P | K | V | C | R | B | I |
| O | X | Z | L | O | B | O | X | Q | H | R | A |
| U | A | V | I | G | F | H | J | K | V | C | X |
| L | E | Ã | O | D | X | V | H | J | P | O | L |
| X | C | W | Q | X | F | G | J | O | P | Ç | R |
| A | X | Y | T | R | O | L | E | B | R | E | Q |
| G | H | G | K | P | K | Ç | W | H | B | C | P |

**4.** **JUNTE AS SÍLABAS INDICADAS E ESCREVA AS PALAVRAS FORMADAS.**

| 1 | 2 | 3 | 4 | 5 | 6 |
|---|---|---|---|---|---|
| LA | LE | LI | LO | LU | LÃO |

| 7 | 8 | 9 | 10 | 11 | 12 |
|---|---|---|---|---|---|
| BA | BO | BU | MÃO | PA | TA |

9 + 2

8 + 4

5 + 11

7 + 6

1 + 12

3 + 10

**5.** **COMPLETE COM LA, LE, LI, LO, LU OU LÃO.**

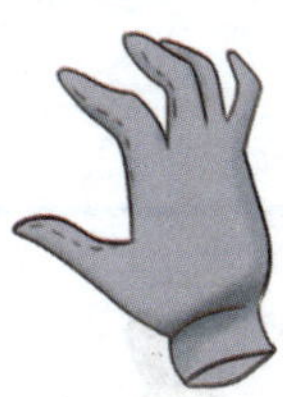
_____VA

BA_____

SE_____

_____VRO

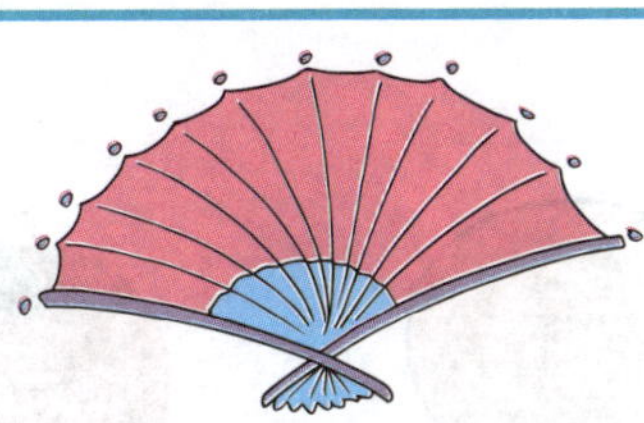
_____QUE

VIO_____

# LETRA M

M

MESA

M

1. CUBRA A LETRA M.

M M M M M M M

2. COPIE AS SÍLABAS A SEGUIR.

______ ______ ______ ______ ______ ______

3. CIRCULE AS FRUTAS CUJO NOME COMEÇA COM M.

**4. PINTE OU CIRCULE A PALAVRA CORRESPONDENTE.**

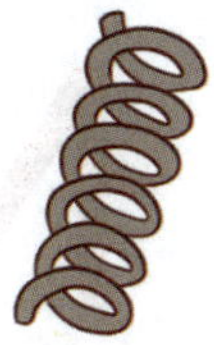

MOTO

MOLA

MOFO

MATA

MALA

NATA

MURO

MUDO

MORA

MILHA

MILHO

FILHO

CESTA

RESMA

LESMA

LIMÃO

MAMÃO

SALMÃO

**5. ANOTE AS LETRAS CORRESPONDENTES E DESCUBRA O QUE MÁRIO ESTÁ PREPARANDO PARA O ALMOÇO.**

| | 1 | 2 | 3 | 4 |
|---|---|---|---|---|
| D | A | F | L | G |
| C | O | C | V | B |
| B | M | Z | R | N |
| A | I | D | S | H |

| B1 | D1 | C2 | D1 | B3 | B3 | C1 | B4 | D1 | A2 | D1 |
|---|---|---|---|---|---|---|---|---|---|---|
| | | | | | | | | | | |

# LETRA N

N

NAVIO

1. CUBRA A LETRA N.

N N N N N N N

2. JUNTE AS SÍLABAS E ESCREVA AS PALAVRAS FORMADAS.

NA — VE — ______

NA — TA — ______

NE — VE — ______

NE — TA — ______

NO — VE — ______

NO — TA — ______

**3.** **COMPLETE COM NE OU NI, CONFORME AS FIGURAS.**

CA → ____ → LA

JA → ____ → CA

ME → ____ → CO

PE → ____ → NO

**4.** **COMPLETE COM NA, NE, NI, NO OU NU E FORME AS PALAVRAS CORRESPONDENTES.**

_____NHO

_____VEM

_____VELO

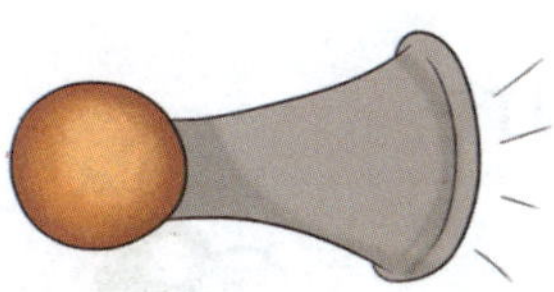

BUZI_____

CA_____TA

TRO_____

_____NÉM

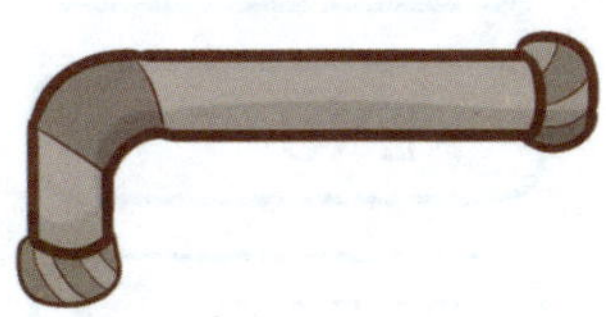

CA_____

CHI_____LO

P

**P**ERA

P

**1. CUBRA A LETRA P.**

P P P P P P P

**2. COPIE AS SÍLABAS A SEGUIR.**

PA ______________ PE ______________

PI ______________ PO ______________

PU ______________ PÃO ______________

**3. LIGUE CADA ANIMAL AO NOME CORRESPONDENTE.**

PATO

POLVO

PAPAGAIO

PERU

PORCO

PEIXE

**4.** **CUBRA CADA PALAVRA E LIGUE-A À FIGURA CORRESPONDENTE.**

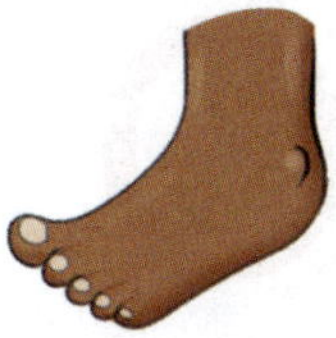

PÁ

PÉ

PÓ

PÃO

**5.** **COMPLETE COM PA, PE, PI, PO, PU OU PÃO.**

_____ÇO

_____NELA

_____DIM

____RULITO

_____TECA

ROU_____

_____TINS

A_____TO

_____TE

Q

QUATRO

Q

**1. CUBRA A LETRA Q.**

Q Q Q Q Q Q Q

**2. LEIA, CUBRA E COPIE AS SÍLABAS INICIADAS COM Q.**

QUA ______

QUO ______

QUÃO ______

**3. ORGANIZE AS LETRAS E ESCREVA AS PALAVRAS CORRESPONDENTES.**

| 3 | 1 | 5 | 2 | 4 |
|---|---|---|---|---|
| A | Q | I | U | T |

| 6 | 1 | 5 | 2 | 3 | 4 |
|---|---|---|---|---|---|
| O | Q | R | U | A | D |

| 7 | 1 | 3 | 6 | 8 | 4 | 2 | 5 |
|---|---|---|---|---|---|---|---|
| L | A | U | E | A | A | Q | R |

**4. JUNTE AS SÍLABAS E ESCREVA AS PALAVRAS.**

QUA DRA

A QUO SO

QUA DRA DO

ES QUA DRA

QUA REN TE NA

A QUÁ TI CO

**5. ENCONTRE E CIRCULE A PALAVRA AQUÁRIO NESTE DIAGRAMA.**

| | | | | | | | | | | | | | | | | | | |
|---|---|---|---|---|---|---|---|---|---|---|---|---|---|---|---|---|---|---|
| A | B | E | W | S | D | T | D | G | H | F | T | R | O | U | W | S | X | J |
| C | V | B | G | T | Y | H | J | K | L | Ç | A | S | X | C | V | B | A | W |
| G | H | J | K | L | P | T | R | S | A | Q | U | Á | R | I | O | X | S | E |
| O | P | K | L | N | J | U | E | R | T | Y | W | N | D | F | R | G | H | O |
| P | L | M | A | E | W | U | Q | W | O | H | K | Ç | X | F | G | H | J | K |

**6. COMPLETE A FRASE DE ACORDO COM A FIGURA A SEGUIR.**

NO ______________________ DA QUITÉRIA,

HÁ ______________________ PEIXINHOS.

## LETRA Q
## QUE, QUI

Q  QUEIJO 

**1. CUBRA A LETRA Q.**

Q Q Q Q Q Q Q

**2. LEIA, CUBRA E COPIE AS SÍLABAS INICIADAS COM Q.**

__________ __________ __________ __________

**3. JUNTE AS SÍLABAS E ESCREVA AS PALAVRAS.**

QUI BE

TAN QUE

CA QUI

LE QUE

**4. COMPLETE AS PALAVRAS COM QUE OU QUI.**

MÁ_____NA

RA_____TE

BI_____NI

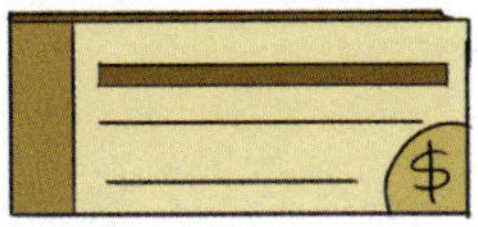

CHE_____

MOS_____TO

PAN_____CA

PERI_____TO

JA_____TA

ES_____LO

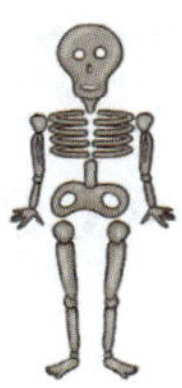

ES_____LETO

MOLE_____

LI_____DIFICADOR

**5. PINTE A FRASE QUE COMBINA COM A FIGURA.**

QUICO GOSTA DE PANQUECA.

QUICO GOSTA DE QUIABO.

QUICO GOSTA DE QUIBE.

R

REI

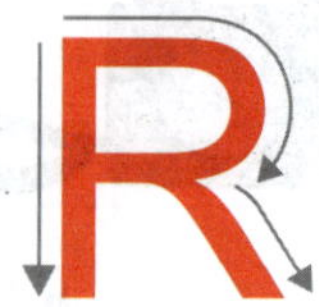

1. CUBRA A LETRA R.

R R R R R R R

2. CUBRA AS SÍLABAS INICIADAS COM R.

RA RE RI RO RU RÃO

3. CIRCULE NESTE TRAVA-LÍNGUA TODA PALAVRA INICIADA COM R.

O RATO ROEU A ROUPA DO
REI DE ROMA.

COM RAIVA, A RAINHA
RASGOU O RESTO DA ROUPA.

4. CIRCULE O ANIMAL CUJO NOME SE INICIA COM R.

## 5. CIRCULE A SÍLABA INICIAL DE CADA NOME.

| | |
|---|---|
| RA | RE |
| RI | RO |
| RU | RÃO |

| | |
|---|---|
| RA | RE |
| RI | RO |
| RU | RÃO |

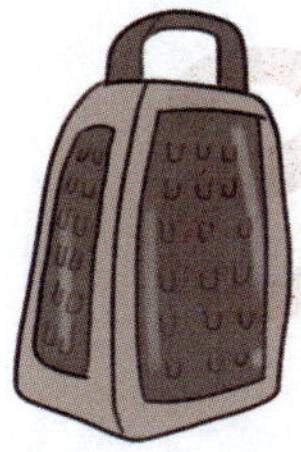

| | |
|---|---|
| RA | RE |
| RI | RO |
| RU | RÃO |

## 6. USE O BANCO DE PALAVRAS A SEGUIR E ESCREVA OS NOMES NO ESPAÇO CERTO.

RODO ROLO REMO REDE RODA RABO

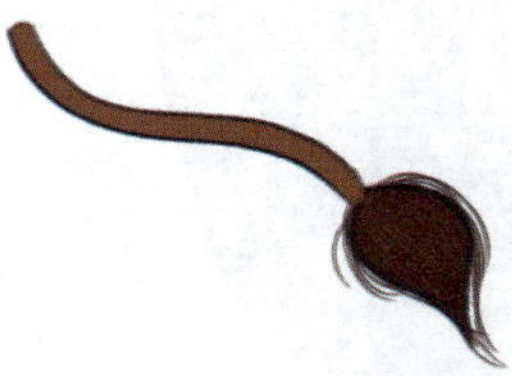

S

SOL

1. CUBRA A LETRA S.

S S S S S S S

2. A PALAVRA SOPA APARECE SEIS VEZES NO CALDEIRÃO ABAIXO. ENCONTRE E CIRCULE-A.

3. COMPLETE COM SA, SE, SI, SO OU SU.

_____NO

_____LO

_____IA

_____FÁ

_____CO

_____CO

4. PINTE A PALAVRA CORRESPONDENTE A CADA FIGURA.

SACO | SEBO | SAPO

SOLA | SAPO | SOPA

SEREIA | SERENO | SIRENE

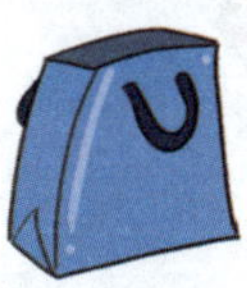

SALADA | SACOLA | SAPATO

SELADOR | SALVADOR | SECADOR

# LETRA T

T  TESOURA T

1. CUBRA A LETRA T.

T T T T T T T

2. CIRCULE A SÍLABA TA, TE, TI, TO, TU OU TÃO PRESENTE EM CADA NOME.

TA TE TI

TO TU TÃO

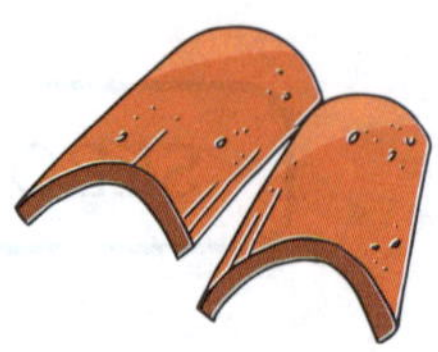

TA TE TI

TO TU TÃO

TA TE TI

TO TU TÃO

TA TE TI

TO TU TÃO

TA TE TI

TO TU TÃO

TA TE TI

TO TU TÃO

3. **COMPLETE COM TA, TE, TI, TO, TU OU TÃO.**

_____MATE

_____LEFONE

CAR_____

_____BARÃO

_____NA

_____TU

4. **ESCREVA A LETRA INICIAL E COMPARE AS PALAVRAS.**

| | E | S | O | U | R | O |
|---|---|---|---|---|---|---|

| | E | S | O | U | R | O |
|---|---|---|---|---|---|---|

5. **PINTE A FRASE QUE MAIS COMBINA COM A FIGURA.**

O TIGRE TEM LISTRAS.

O TATU ESTÁ NA TOCA.

O TAPETE FOI TINGIDO.

# LETRA V

V

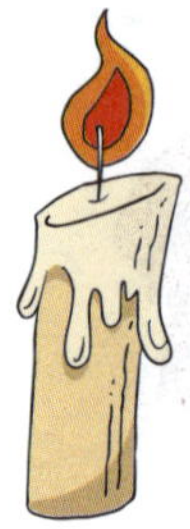

VELA

V

1. CUBRA A LETRA V.

V V V V V V V

2. USE O BANCO DE PALAVRAS A SEGUIR E ESCREVA OS NOMES NO ESPAÇO CERTO.

VASO VOVÔ ENVELOPE AVIÃO PAVÃO VIOLÃO

3. **CUBRA AS PALAVRAS E PINTE A SÍLABA VA, VE, VI, VO, VU OU VÃO EM CADA UMA DELAS. USE COR CLARA.**

ESCOVA

VIOLETA

OVELHA

OVO

NOVELO

SORVETE

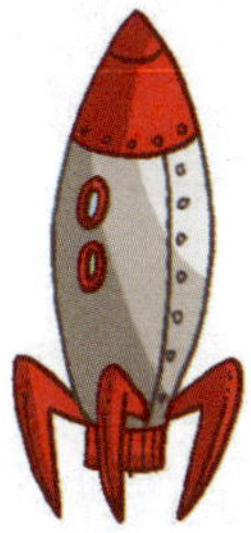

NAVE

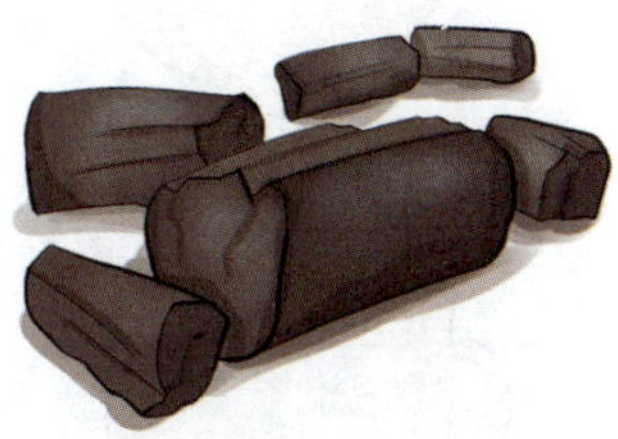

CARVÃO

VILA

4. **PINTE A FRASE QUE MAIS COMBINA COM A FIGURA.**

A VELA É VERDE.

A VESPA VOA ALTO.

A VACA É DA VOVÓ.

# LETRA X

X  XÍCARA X

**1. CUBRA A LETRA X.**

X X X X X X X

**2. CUBRA AS SÍLABAS INICIADAS COM A LETRA X.**

**3. PINTE OU CIRCULE A SÍLABA INICIAL DE CADA NOME.**

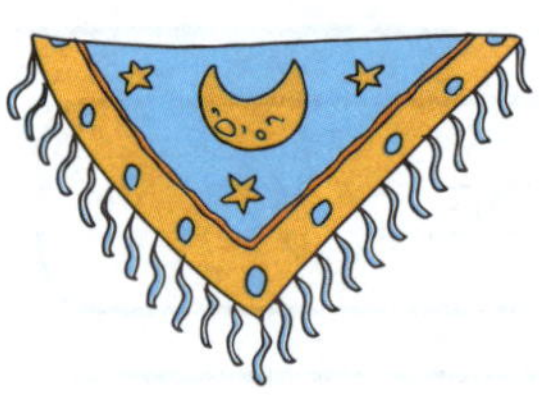

| XA | XE |
|---|---|
| XI | XO |
| XU | XÃO |

| XA | XE |
|---|---|
| XI | XO |
| XU | XÃO |

| XA | XE |
|---|---|
| XI | XO |
| XU | XÃO |

**4. COMPLETE COM XA, XE, XI, XO, XU OU XÃO.**

PEI______

AMEI______

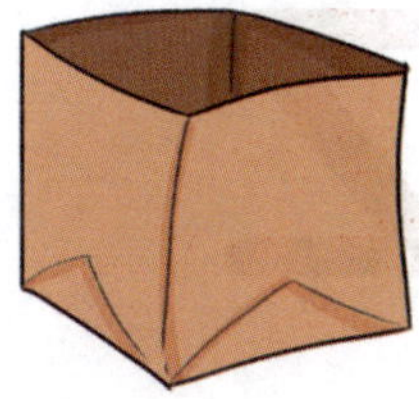

CAI______

BRU______

ABACA______

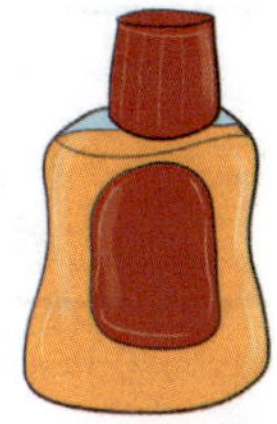

______ROPE

EN______DA

BE______GA

LI______

**5. PINTE A FRASE QUE MAIS COMBINA COM A FIGURA.**

DONA XÊNIA USA XALE.

O PEIXE NADA NO RIO.

A CAIXA ESTÁ CHEIA.

Z

ZEBRA

1. CUBRA A LETRA Z.

Z Z Z Z Z Z Z

2. CIRCULE TODA LETRA Z NESTA SOPA DE LETRINHAS.

3. CUBRA AS SÍLABAS A SEGUIR.

ZA ZE ZI ZO ZU ZÃO

**4. COMPLETE AS PALAVRAS COM AS SÍLABAS ZA, ZE, ZI, ZO, ZU OU ZÃO.**

______BUMBA

A______LEJO

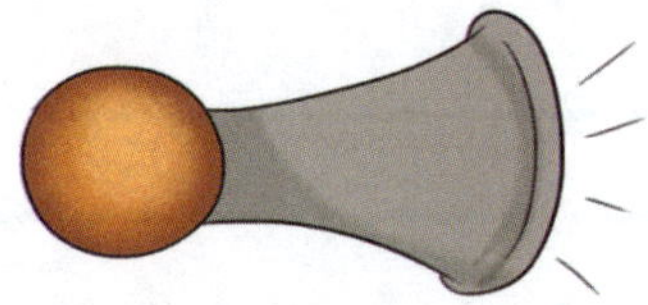

BU______NA

______BU

______PER

______RO

______BRA

DE______NOVE

______LADOR

**5. PINTE A FRASE QUE MAIS COMBINA COM A FIGURA.**

O AZULEJO É AZUL.

ZAZÁ TOCA A ZABUMBA.

O ZEBU É DA ZULEICA.

# LETRAS K, W, Y

1. CUBRA AS LETRAS K, W, Y.

K K K K K K K

W W W W W W W

Y Y Y Y Y Y Y

2. CUBRA OS NOMES A SEGUIR.

KÉLVIN

YASMIN

WESLEY

EM NOSSA LÍNGUA, AS LETRAS K, W, Y SÃO MAIS USADAS EM PALAVRAS DE ORIGEM ESTRANGEIRA (WASHIGTON, YAKULT) E EM SÍMBOLOS E SIGLAS (KG = QUILOGRAMA, W = WATT).

**3. COPIE AS PALAVRAS A SEGUIR.**

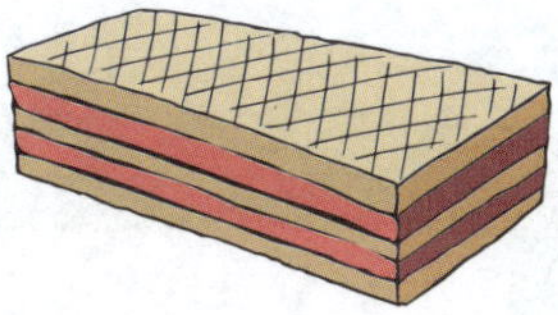

| KETCHUP | WAFER | YAKISOBA |
|---|---|---|
| | | |

| KART | WEBCAM | YAK |
|---|---|---|
| | | |

**4. ORGANIZE AS LETRAS E ESCREVA O NOME DESTA FRUTA NOS QUADRADINHOS À DIREITA.**

| | |
|---|---|
| ② I | ① K |
| ④ I | ③ W |

| ① | ② | ③ | ④ |
|---|---|---|---|
| | | | |

# ALFABETO

1. CUBRA AS LETRAS DO ALFABETO E LEVE O PRÍNCIPE À TORRE ONDE ESTÁ A RAPUNZEL.

ALFABETO É O CONJUNTO DE LETRAS QUE USAMOS NA ESCRITA.

2. LEVE RITA À ESCOLA, ESCREVENDO A PRIMEIRA LETRA DAS PALAVRAS PARA FORMAR O ALFABETO.

3. LEVE CHAPEUZINHO VERMELHO À CASA DA VOVÓ, ESCREVENDO AS LETRAS QUE FALTAM NO ALFABETO.

4. COMPLETE O ALFABETO COM AS LETRAS QUE ESTÃO FALTANDO.

5. LEVE O COELHO ÀS CENOURAS COMPLETANDO A TRILHA COM AS LETRAS QUE FALTAM NO ALFABETO.

6. LIGUE AS LETRAS NA MESMA ORDEM DO ALFABETO. DEPOIS, PINTE O DESENHO.

# MAIÚSCULAS E MINÚSCULAS

1. PINTE AS LETRAS MAIÚSCULAS DE VERMELHO E AS MINÚSCULAS, DE AMARELO.

Aa Bb Cc Dd Ee

Ff Gg Hh Ii Jj Kk

Ll Mm Nn Oo Pp

Qq Rr Ss Tt Uu

Vv Ww Xx Yy Zz

2. CUBRA AS LETRAS MINÚSCULAS DO ALFABETO.

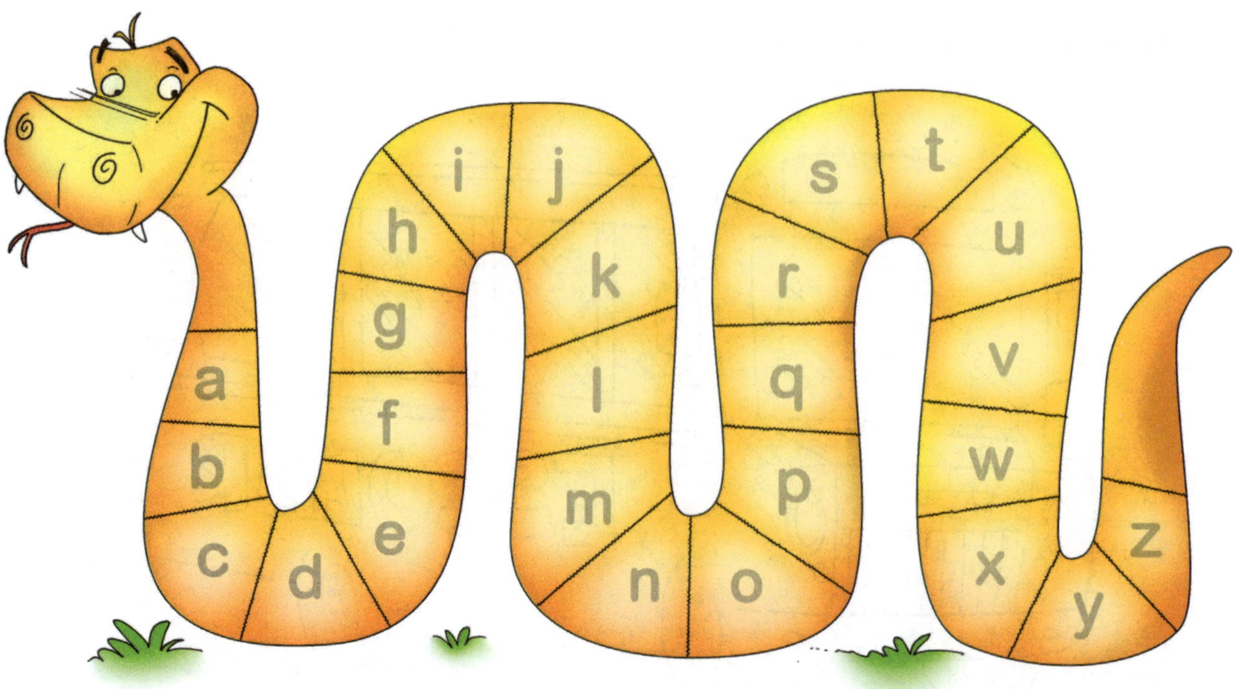

**3. PINTE A LISTA DE COMPRAS ESCRITA COM LETRAS MINÚSCULAS.**

| BISCOITO |
| --- |
| COUVE |
| CENOURA |
| MANDIOCA |
| BATATA |
| SABONETE |
| DETERGENTE |

| biscoito |
| --- |
| couve |
| cenoura |
| mandioca |
| batata |
| sabonete |
| detergente |

**4. COPIE AS PALAVRAS A SEGUIR, USANDO APENAS LETRAS MINÚSCULAS.**

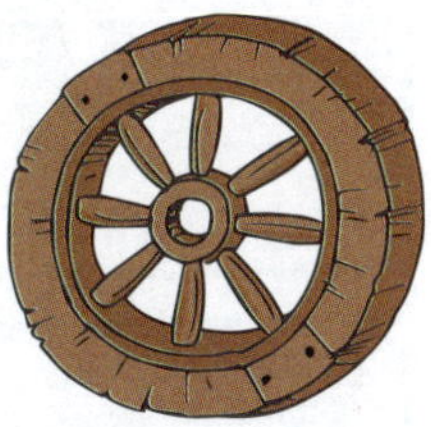

RODA

BERÇO

JORNAL

LESMA

PEIXE

ONÇA

# LETRAS CURSIVAS

A a
A a

B b
B b

C c
C c

D d
D d
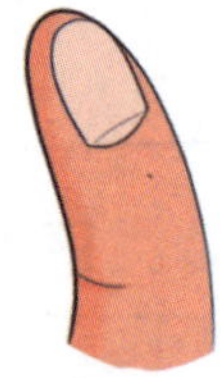

E e
E e

F f
F f
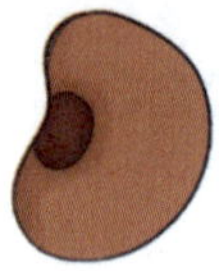

G g
G g
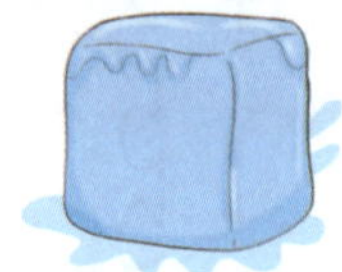

H h
H h

I i
I i

J j
J j

K k
K k

L l
L l

M m
M m

N n
N n

O o
O o

P p
P p

Q q
Q q
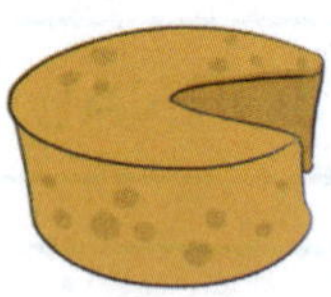

R r
R r

S s
S s

T t
T t

U u
U u

V v
V v

W w
W w
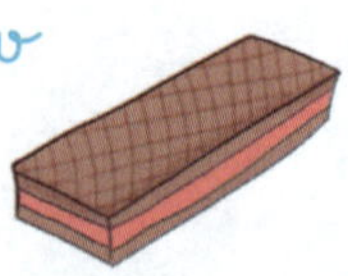

X x
X x

Y y
Y y

Z z
Z z

**CURSIVA É UM FORMATO DE LETRA MUITO USADO QUANDO SE ESCREVE A MÃO, USANDO LÁPIS OU CANETA.**

1. MARQUE UM X NO BILHETE ESCRITO COM LETRAS CURSIVAS.

MAMÃE,

SUBI PELO PÉ DE FEIJÃO. VOU À CASA DO GIGANTE. VOLTO LOGO!

JOÃO

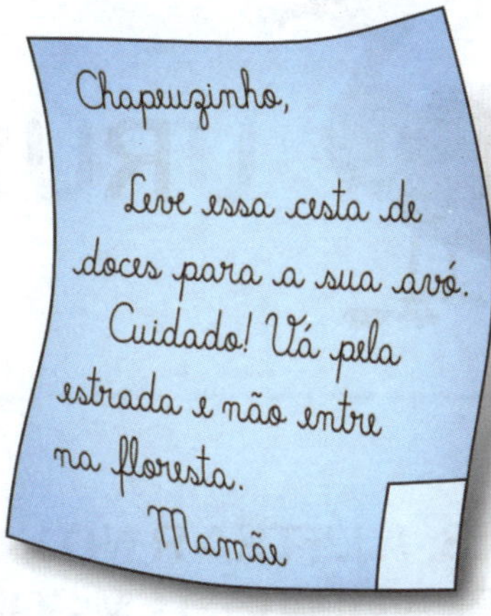
Chapeuzinho,

Leve essa cesta de doces para a sua avó. Cuidado! Vá pela estrada e não entre na floresta.

Mamãe

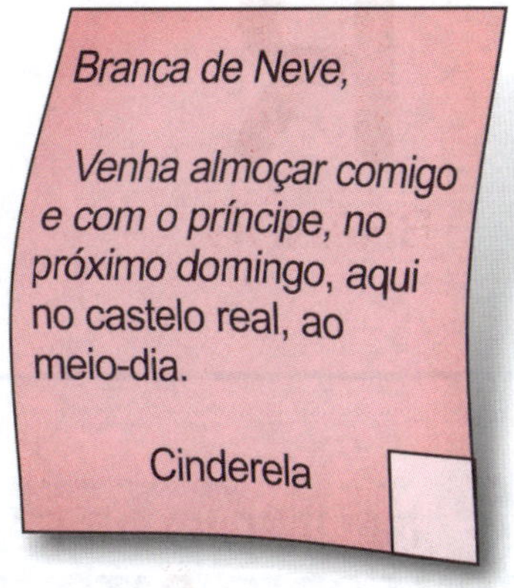
*Branca de Neve,*

*Venha almoçar comigo e com o príncipe, no* próximo domingo, aqui no castelo real, ao meio-dia.

Cinderela

2. COMPLETE CADA PALAVRA COM LETRA INICIAL CURSIVA.

____ato

____ato

____ato

____ato

3. PINTE APENAS OS NOMES QUE ESTÃO ESCRITOS COM LETRAS CURSIVAS MINÚSCULAS.

| mágico | palhaço | bailarina | malabarista |
|---|---|---|---|
| mágico | palhaço | bailarina | malabarista |

# LETRA R ENTRE VOGAIS

**R**

BRANDO

**URUBU**

**NO INÍCIO DE PALAVRAS, A LETRA R NO INÍCIO DE PALAVRAS TEM SOM FORTE (RATO) E, ENTRE VOGAIS, TEM SOM BRANDO (URUBU).**

**1.** PINTE DE VERMELHO O R COM SOM MAIS **FORTE** E, DE AMARELO, O R COM SOM **BRANDO** NA PALAVRA RATOEIRA.

| R | A | T | O | E | I | R | A |
|---|---|---|---|---|---|---|---|

**2.** COMPLETE AS PALAVRAS COM A SÍLABA QUE FALTA.

CA_____MUJO

TOU_____

ARA_____

CO_____JA

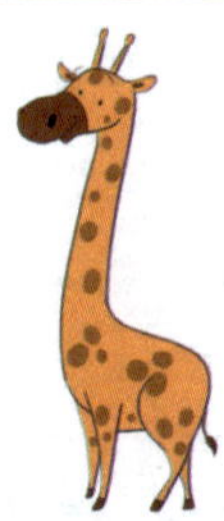

GI_____FA

CANGU_____

3. **COPIE AS PALAVRAS A SEGUIR E PINTE O R BRANDO.**

PERA

PIRULITO

PIRATA

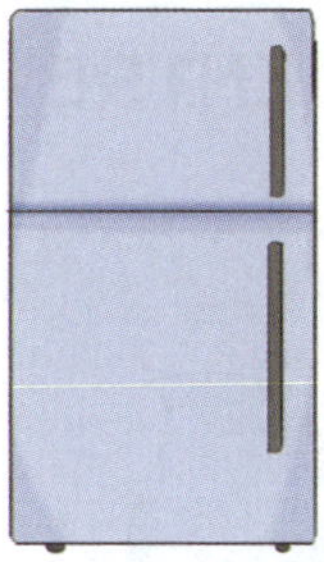

GELADEIRA

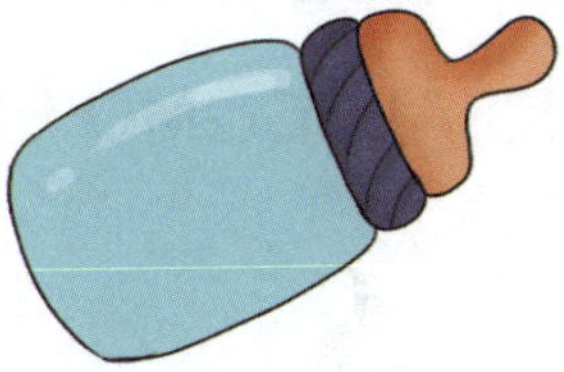

MAMADEIRA

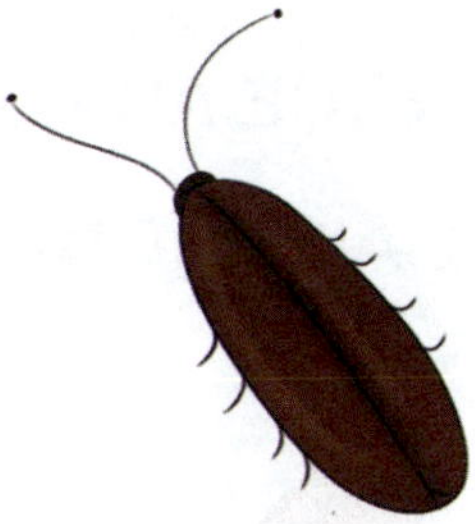

BARATA

ABÓBORA

CEREJA

CENOURA

## DÍGRAFO RR

# RR

**GARRAFA**

**1.** CUBRA O DÍGRAFO RR.

RR RR RR RR RR

**2.** MARQUE AS PALAVRAS EM QUE O SOM DE R OU RR ENTRE VOGAIS É IGUAL AO R INICIAL, COMO EM RATO.

☐ GORRO

☐ PERA

☐ JARRA

☐ BURRO

☐ MORANGO

☐ GARRAFÃO

ENTRE VOGAIS, PARA MANTER O SOM FORTE IGUAL AO DO R INICIAL, USAMOS RR. EXEMPLO: GARRAFA.

QUANDO USAMOS APENAS UM R ENTRE VOGAIS, O SOM É BRANDO. EXEMPLO: ARANHA.

**3. DOBRE O R E MUDE O SOM DE BRANDO PARA FORTE.**

Ⓐ VARA VARRA
Ⓑ CARO ______________
Ⓒ FERA ______________
Ⓓ MORO ______________
Ⓔ FORA ______________
Ⓕ MURO ______________
Ⓖ CORO ______________
Ⓗ CARETA ______________
Ⓘ CARINHO ______________
Ⓙ ARANHA ______________

**4. ESCREVA RR PARA COMPLETAR AS PALAVRAS.**

FE_____O

CA_____O

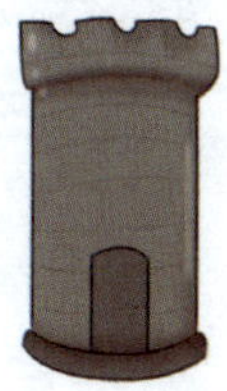

TO_____E

BA_____IL

MO_____O

TE_____A

CA_____ETEL

SE_____OTE

BA_____ACA

# LETRA S ENTRE VOGAIS

S

SOM = Z

CASA

ENTRE VOGAIS E NO INTERIOR DAS PALAVRAS, A LETRA S REPRESENTA O MESMO SOM DE Z. VEJA:

CASA

ZEBRA

1. CIRCULE AS PALAVRAS EM QUE O S TEM O SOM IGUAL AO DE Z.

VASO

SORVETE

CAMISETA

SEREIA

ROSA

BESOURO

BLUSA

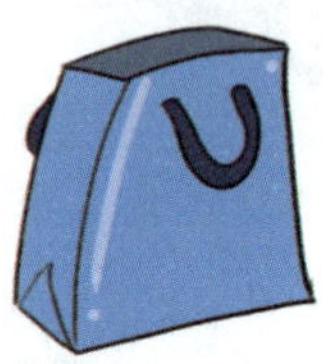

SACOLA

TESOURA

## 2. LIGUE A FIGURA AO NOME CORRESPONDENTE.

PARAFUSO

TELEVISOR

PRESENTE

RAPOSA

CASACO

MESA

## 3. PINTE A FRASE QUE MAIS COMBINA COM A FIGURA.

A PRINCESA PÔS O BOLO NA MESA.

ROSA FEZ UMA TORTA SABOROSA.

TERESA FEZ SUCO DE FRAMBOESA.

## 4. FAÇA COMO NO EXEMPLO, ACRESCENTANDO -OSO OU -OSA.

- CHARME

  CHARMOSO
- GOSTO

  ________________
- CHEIRO

  ________________
- GULA

  ________________
- FAMA

  ________________
- CREME

  ________________
- VENENO

  ________________
- SEBO

  ________________
- AMOR

  ________________

## DÍGRAFO SS

**SS**

**PÁSSARO**

**1. CUBRA O DÍGRAFO SS**

SS SS SS SS SS

**ENTRE VOGAIS, PARA MANTER O SOM IGUAL AO DO S INICIAL, USAMOS SS. EXEMPLO: PROFESSOR.**

**QUANDO USAMOS APENAS UM S ENTRE VOGAIS, O SOM É O MESMO DE Z. EXEMPLO: RAPOSA.**

**2. MARQUE AS PALAVRAS EM QUE O SOM DE S OU SS ENTRE VOGAIS É IGUAL AO DE S INICIAL, COMO EM SAPO.**

☐ PASSO

☐ TESOURO

☐ PÁSSARO

☐ INGRESSO

☐ RISO

☐ ASSOBIO

## 3. LIGUE CADA FIGURA AO NOME CORRESPONDENTE

OSSO

PÊSSEGO

GIRASSOL

CARROSSEL

VASSOURA

ASSADEIRA

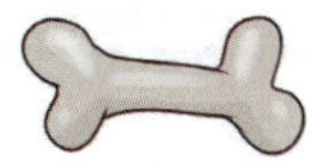

## 4. COPIE ESTAS PALAVRAS ESCRITAS COM SS.

MASSA

____________________

PROFESSORA

____________________

TRAVESSEIRO

____________________

BÚSSOLA

____________________

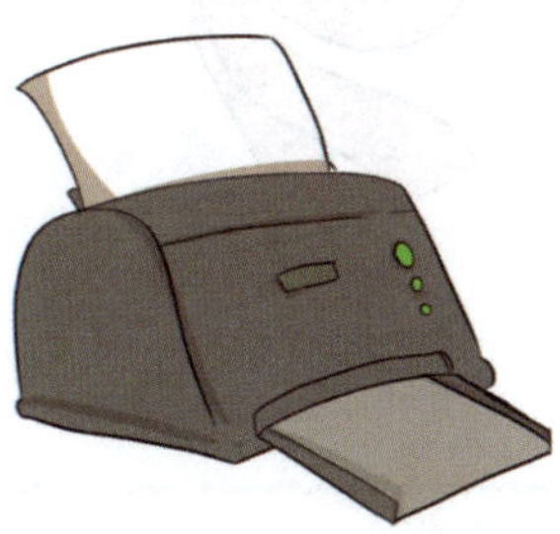

IMPRESSORA

____________________

DINOSSAURO

____________________

# CÊ-CEDILHA: Ç

Ç

POÇO

Ç

2. CUBRA O Ç.

Ç Ç Ç Ç Ç Ç Ç

2. COMPLETE COM A SÍLABA ÇA, ÇO, ÇU OU ÇÃO.

PALHA_____

BALAN_____

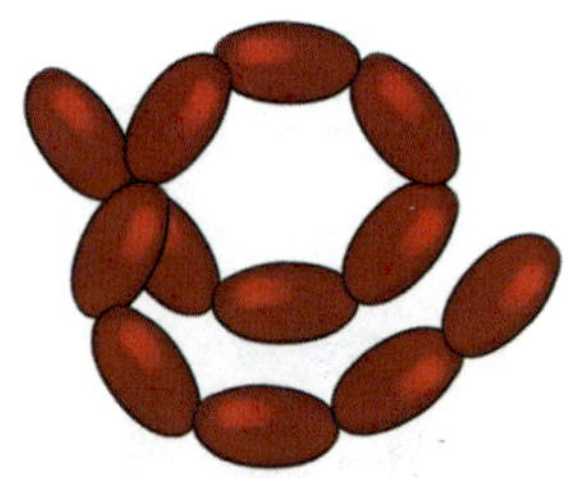

LINGUI_____

CAL_____

LA_____

CARRO_____

O Ç É USADO ENTRE VOGAIS, NO INTERIOR DAS PALAVRAS, E REPRESENTA O MESMO SOM QUE SS.

3. FAÇA COMO NO EXEMPLO, USE Ç E MUDE A PALAVRA.

| | |
|---|---|
| FORCA → FORÇA | LOUCA → |
| TACA → | FACA → |
| MARCO → | PECO → |

4. COLOQUE A CEDILHA EMBAIXO DO C DESTACADO. DEPOIS, LEIA CADA PALAVRA EM VOZ ALTA.

| | | | |
|---|---|---|---|
| ROCA | PREGUICA | ACÚCAR | MACO |
| CABECA | FUMACA | CAROCO | LICÃO |
| BAGACO | CACULA | CABECUDO | ESPACO |

5. JUNTE AS SÍLABAS E ESCREVA AS PALAVRAS FORMADAS.

# CH

**CHAPÉU**

**1.** CUBRA AS SÍLABAS A SEGUIR.

**2.** COMPLETE COM CHA, CHE, CHI, CHO, CHU OU CHÃO.

| | MO | | |
|---|---|---|---|
| | | NE | LO |
| | LA | | |

| | MA | | |
|---|---|---|---|
| FE | | DU | RA |
| | DO | | |

**3.** **USE O BANCO DE PALAVRAS A SEGUIR E ESCREVA OS NOMES NO ESPAÇO CERTO.**

| | | |
|---|---|---|
| TOCHA | CHUVEIRO | COLCHÃO |
| CHUPETA | CHUCHU | CHOCOLATE |
| CHAVE | CACHORRO | CHUTEIRA |

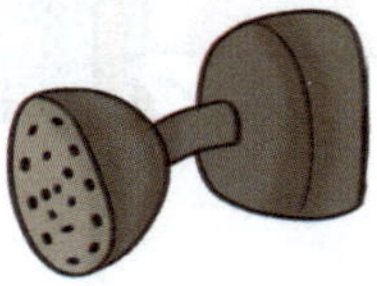
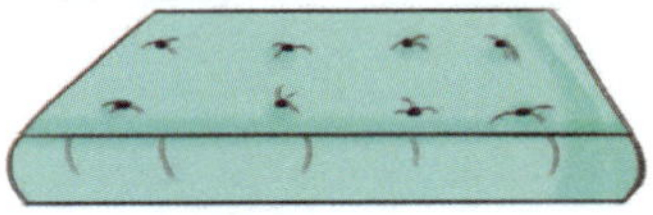

**4.** **ENCONTRE ESTAS PALAVRAS NO DIAGRAMA.**

- CACHO
- BICHO
- CHEQUE
- CHUVA
- COLCHA
- MOCHILA

| | | | | | | | | | | |
|---|---|---|---|---|---|---|---|---|---|---|
| M | C | H | U | V | A | H | K | W | S | Y |
| O | G | X | C | A | R | H | A | C | W | C |
| C | R | B | I | C | H | O | D | H | X | O |
| H | C | L | V | F | B | Y | U | E | V | L |
| I | H | C | A | C | H | O | S | Q | T | C |
| L | Z | P | O | M | K | D | W | U | P | H |
| A | T | Q | R | C | G | Ç | P | E | W | A |

# DÍGRAFO LH

**LH**

**FOLHA**

**1. CUBRA AS SÍLABAS A SEGUIR.**

**2. COPIE A PALAVRA QUE NOMEIA CADA FIGURA.**

OLHO

MILHO

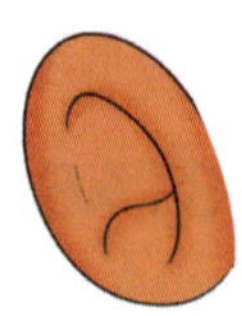

ORELHA

OVELHA

REPOLHO

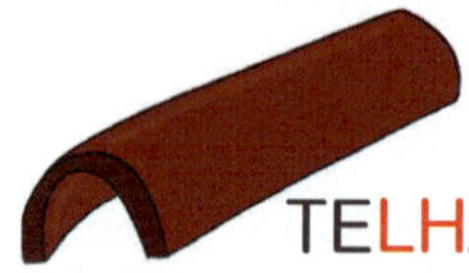

TELHA

**3. CUBRA A PALAVRA QUE NOMEIA CADA FIGURA.**

PILHA

ILHA

ABELHA

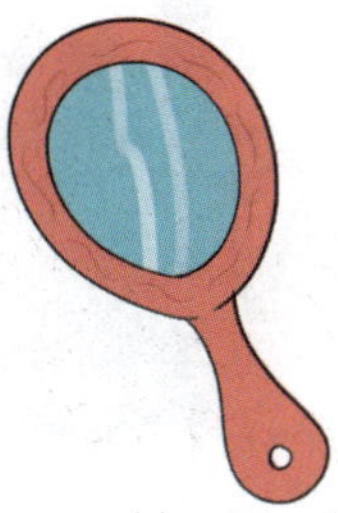

ESPELHO

COELHO

TOALHA

MEDALHA

ERVILHA

PALHAÇO

**4. FAÇA COMO NO EXEMPLO, ACRESCENTE H APÓS O L E FORME OUTRA PALAVRA.**

- (A) VELA VELHA
- (B) TELA ______
- (C) BOLA ______
- (D) MOLA ______
- (E) FILA ______
- (F) GALO ______
- (G) MALA ______
- (H) COLA ______

# DÍGRAFO NH

# NH

NINHO

1. CUBRA AS SÍLABAS A SEGUIR.

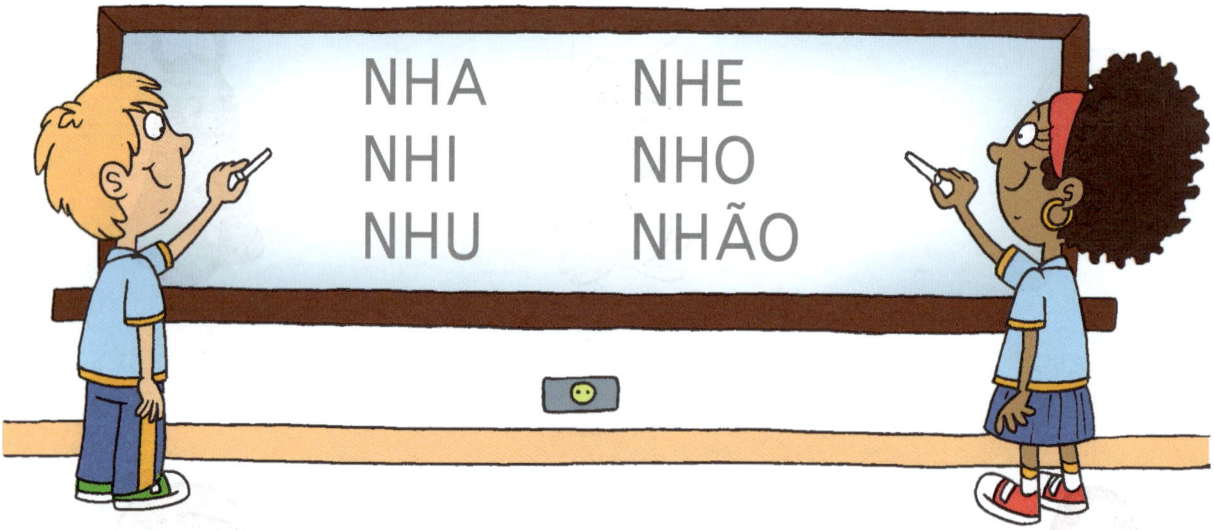


2. PINTE O ÚNICO LIVRO EM CUJO TÍTULO APARECEM OS DÍGRAFOS CH, LH E NH.

**3. COMPLETE COM NHA, NHE, NHI, NHO, NHU OU NHÃO.**

MI_____CA

CAMI_____

RAI_____

ARA_____

GOLFI_____

CEGO_____

GAFA_____TO

SOMBRI_____

JOANI_____

SO_____

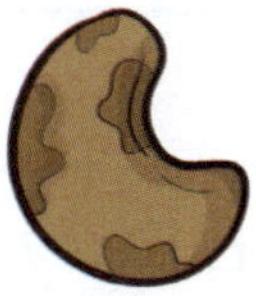

CASTA_____

CA_____

**4. ACRESCENTE H APÓS O N E FORME PALAVRAS.**

Ⓐ PINO PINHO

Ⓑ MINA _____

Ⓒ SONO _____

Ⓓ NINO _____

Ⓔ PENA _____

Ⓕ LENA _____

Ⓖ TINA _____

Ⓗ MANA _____

# AS, ES, IS, OS, US

ASNO

**1.** **CUBRA E COPIE.**

AS ES IS OS US

_______ _______ _______ _______ _______

**2.** **LIGUE CADA PALAVRA À FIGURA CORRESPONDENTE.**

ASPIRADOR

ESQUILO

ISQUEIRO

OSTRA

MOSQUITO

ÔNIBUS

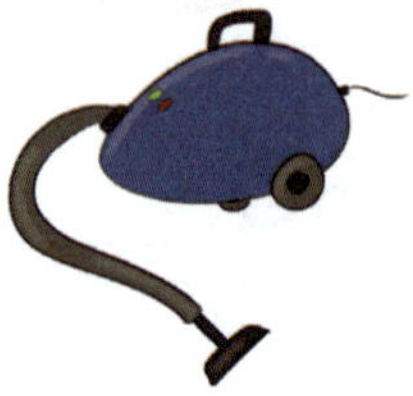

**3.** **COMPLETE CADA PALAVRA COM A SÍLABA QUE FALTA.**

| | CO | VA |
|---|---|---|

| | PAS |
|---|---|

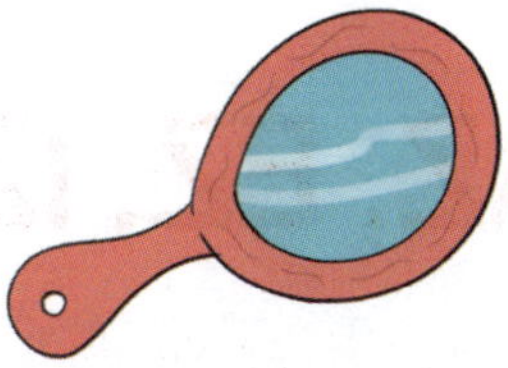

| | PE | LHO |
|---|---|---|

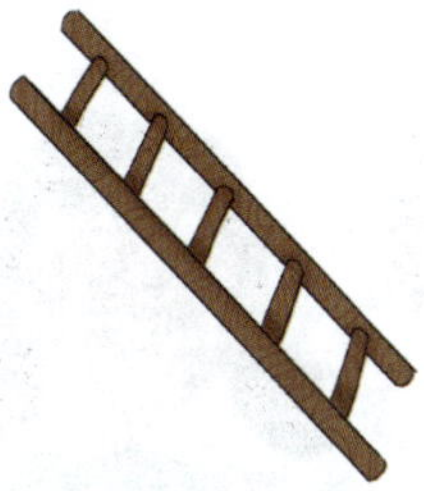

| | CA | DA |
|---|---|---|

| | NO |
|---|---|

| | PA | DA |
|---|---|---|

**4.** **ACRESCENTE S APÓS A VOGAL DESTACADA E ESCREVA A PALAVRA FORMADA.**

| | |
|---|---|
| PATO | PASTA |
| GOTA | |
| LEMA | |
| POTE | |
| GATA | |
| RETO | |
| GOMA | |
| CACO | |
| RICO | |

# AZ, EZ, IZ, OZ, UZ

## AZ, EZ, IZ, OZ, UZ

RA**IZ**

1. CUBRA E COPIE.

2. ENCONTRE E CIRCULE A PALAVRA JUIZ EM TRÊS LINHAS DIFERENTES DESTE DIAGRAMA.

| M | H | F | U | J | K | J | U | I | Z | K | R | Y |
|---|---|---|---|---|---|---|---|---|---|---|---|---|
| O | J | U | I | Z | R | H | A | C | W | J | I | Z |
| C | R | Z | J | T | H | U | I | Z | A | O | K | X |
| H | J | W | K | Z | B | Y | B | Q | J | U | I | Z |

**3. JUNTE AS SÍLABAS E ESCREVA AS PALAVRAS.**

| | | |
|---|---|---|
| CAR | TAZ | |
| XA | DREZ | |
| NA | RIZ | |
| VE | LOZ | |
| CUS | CUZ | |

**4. COMPLETE AS PALAVRAS COM AZ, EZ, IZ, OZ OU UZ.**

CHAFAR_____

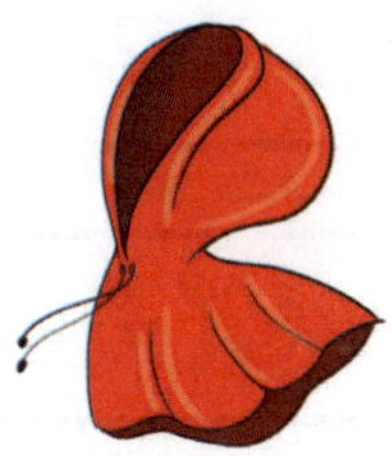

CAP_____

CART_____

PERD_____

ARR_____

CR_____

# AL, EL, IL, OL, UL

**AL, EL, IL, OL, UL** 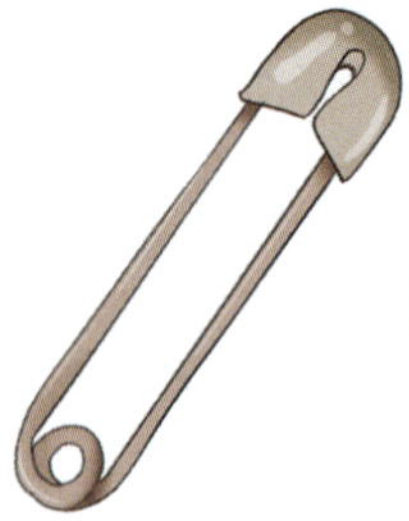 **ALFINETE**

**1.** CUBRA E COPIE.

| | | | | |
|---|---|---|---|---|
| | | | | |

**2.** CUBRA CADA PALAVRA E LIGUE-A À FIGURA CORRESPONDENTE.

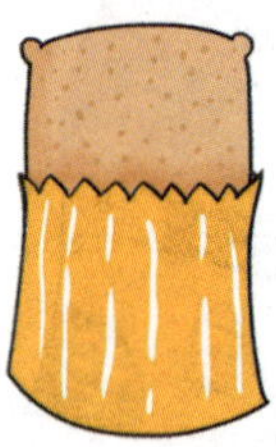

JORNAL

PASTEL

FUNIL

CARACOL

AZUL

ALFACE

**3. COMPLETE AS PALAVRAS COM AL, EL, IL, OL OU UL.**

AN_____

G_____FINHO

B_____DE

P_____GA

S_____

BARR_____

**4. ACRESCENTE L APÓS A VOGAL DESTACADA E ESCREVA A PALAVRA FORMADA.**

| ATO | ALTO |
|---|---|
| AMA | |
| CADA | |
| POPA | |
| TODO | |
| POVO | |
| CAMA | |
| TACO | |
| CAÇA | |

# AR, ER, IR, OR, UR

**ÁRVORE**

**1.** CUBRA OS TEXTOS DOS BALÕES DE FALA.

**2.** CUBRA AS PALAVRAS A SEGUIR.

AR

ARMÁRIO

ER

ERVILHA

IR

IRMÃOS

OR

ORQUÍDEA

UR

URNA

**3. COMPLETE AS PALAVRAS COM AR, ER, IR, OR OU UR.**

M_____TELO

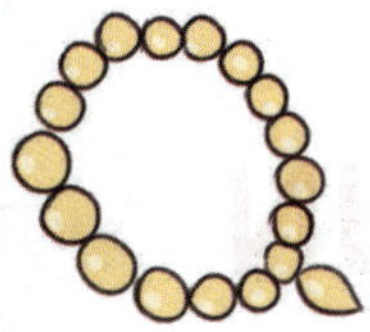

COL_____

C_____CO

P_____CO

COLH_____

_____SO

C_____DA

H_____PA

B_____CO

**4. PINTE A PALAVRA QUE ESTÁ NA COLUNA CERTA.**

| AR | ER | IR | OR | UR |
|---|---|---|---|---|
| ERVA | ARGOLA | TARDE | CORTE | CORNETA |
| PORTA | URBANO | IRMÃ | ARMÁRIO | ABAJUR |
| ARCO | FORNO | PERNA | DIVERSÃO | CARTELA |
| CURVA | VERDE | URSO | MARMELO | FIRMEZA |

# AN, EN, IN, ON, UN

ANJO

**1. CUBRA.**

AN EN IN ON UN

**2. JUNTE AS SÍLABAS E ESCREVA AS PALAVRAS.**

CAN TOR

MUN DO

LEN TE

BEN GA LA

TIN TA

EN CAN TO

SON DA

CON TEN TE

**3.** CUBRA CADA PALAVRA. DEPOIS, LIGUE O PAR QUE RIMA.

PONTE

PENTE

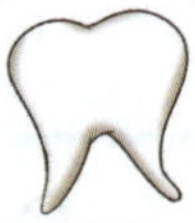

DENTE

PINTO

CINTO

FONTE

**4.** ACRESCENTE N APÓS A VOGAL DESTACADA E ESCREVA AS PALAVRAS FORMADAS.

| ATA | ANTA |
|---|---|
| NUCA | |
| POTE | |
| VETO | |
| MUDO | |
| SETA | |
| CATO | |

# AM, EM, IM, OM, UM

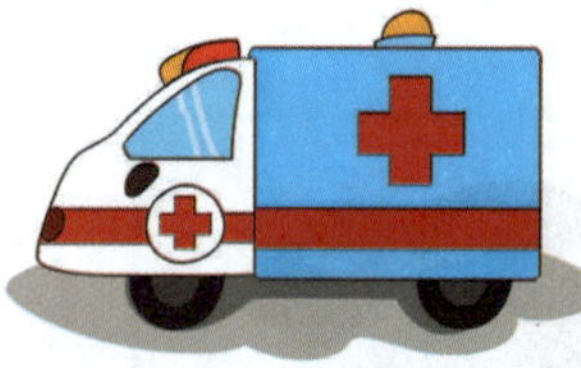

**AMBULÂNCIA**

**1. CUBRA E COPIE.**

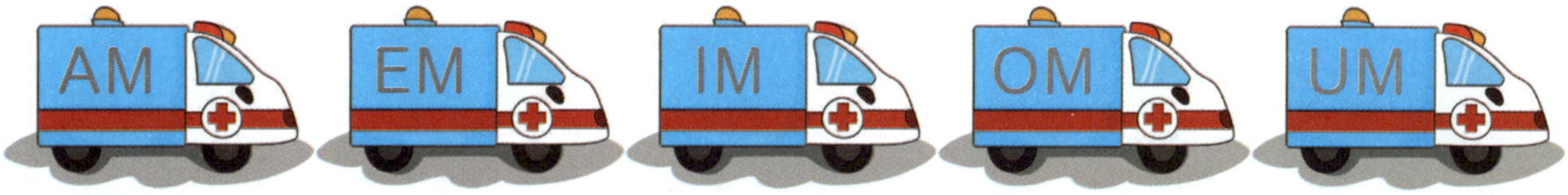


_________ _________ _________ _________ _________

**2. COMPLETE AS PALAVRAS COM AM, EM, IM, OM OU UM. DEPOIS, COPIE-AS.**

Ⓐ ______BRO

Ⓑ ______PRESSORA

Ⓒ ______BIGO

Ⓓ ______POLA

Ⓔ ______PREGO

Ⓕ ______BU

**NÃO ESQUEÇA!**

NO INTERIOR DAS PALAVRAS, ANTES DE P E B, USAMOS M E NÃO N (AM, EM, IM, OM, UM).

3. **CUBRA E COPIE AS PALAVRAS A SEGUIR.**

POMBA

TAMPA

BOMBOM

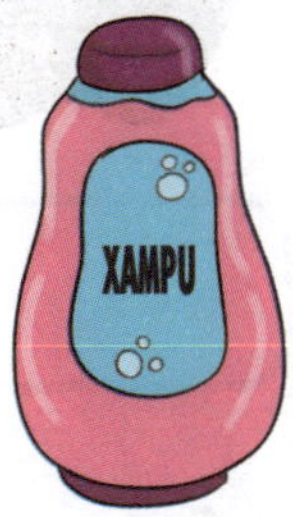


XAMPU

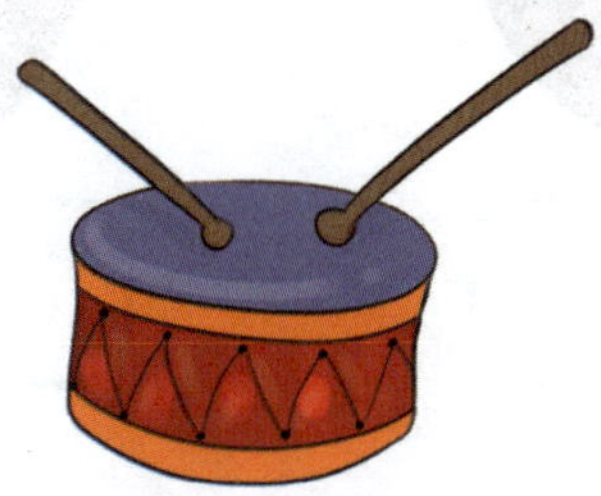

TAMBOR

EMPADA

LÂMPADA

BOMBEIRO

COMPUTADOR

# Ã, ÃO

MAÇÃ

**1.** CUBRA E COPIE.

**2.** PINTE APENAS AS FIGURAS CUJO NOME TERMINA EM ÃO. DEPOIS, ESCREVA ESSAS PALAVRAS.

3. COMPLETE CADA PALAVRA COM Ã OU ÃO.

LE_____

R_____

PAV_____

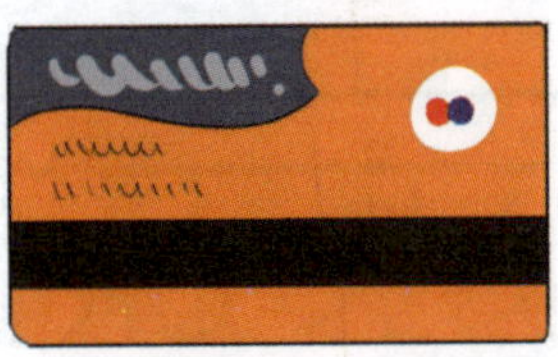

CART_____

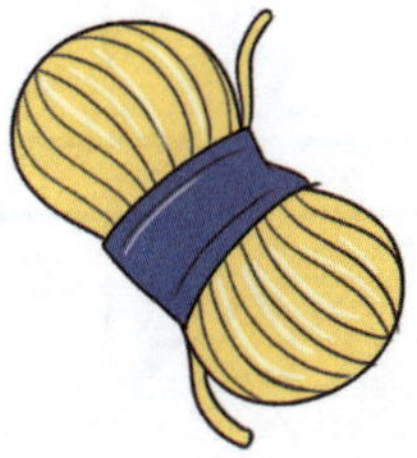

L_____

TUBAR_____

AVEL_____

CANH_____

HORTEL_____

ROM_____

VIOL_____

M_____E

**CONSOANTE + R** 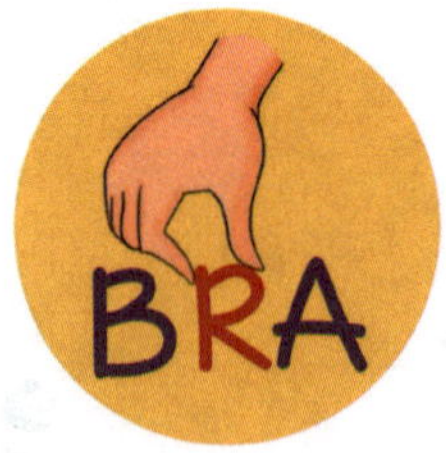

**BRASIL**

1. CUBRA CADA SÍLABA A SEGUIR.

BRA BRE BRI BRO BRU

CRA CRE CRI CRO CRU

DRA DRE DRI DRO DRU

FRA FRE FRI FRO FRU

GRA GRE GRI GRO GRU

PRA PRE PRI PRO PRU

TRA TRE TRI TRO TRU

VRA VRE VRI VRO VRU

2. **ACRESCENTE R APÓS A PRIMEIRA LETRA E FORME OUTRAS PALAVRAS, COMO NO EXEMPLO.**

| | |
|---|---|
| BOTA | BROTA |
| GATO | |
| TOCO | |
| BOCA | |
| PATA | |
| TAÇA | |
| CAVO | |
| FACA | |
| TATO | |
| FEIO | |

3. **JUNTE AS SÍLABAS E ESCREVA A PALAVRA FORMADA.**

| | | | |
|---|---|---|---|
| PRE | GO | | |
| CO | BRA | | |
| GRI | LO | | |
| CA | BRI | TO | |
| GRA | VA | TA | |
| ES | TRE | LA | |

**4. COMPLETE AS PALAVRAS COM A SÍLABA QUE FALTA.**

CO_____

_____GÃO

_____CODILO

LI_____

CO_____

I_____JA

LE_____

TI_____

_____TOR

_____GADEIRO

_____TAS

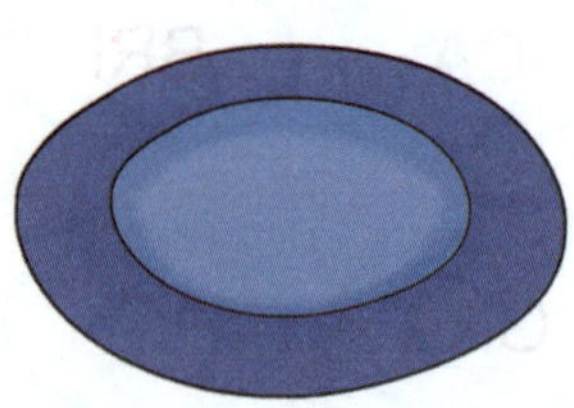

_____TO

**CONSOANTE + L** 

**BLOCO**

**1. CUBRA CADA SÍLABA A SEGUIR.**

BLA BLE BLI BLO BLU

CLA CLE CLI CLO CLU

DLA DLE DLI DLO DLU

FLA FLE FLI FLO FLU

GLA GLE GLI GLO GLU

PLA PLE PLI PLO PLU

TLA TLE TLI TLO TLU

VLA VLE VLI VLO VLU

**2. COMPLETE CADA PALAVRA COM A SÍLABA QUE FALTA.**

_____SA

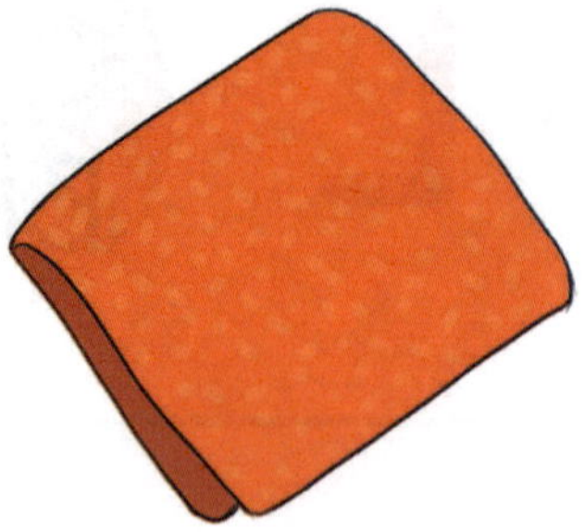

_____NELA

A_____TA

_____BO

_____RES

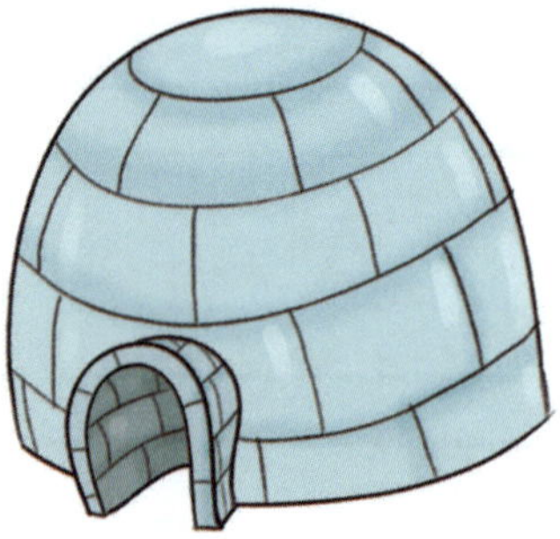

I_____

MOTOCI_____TA

BICI_____TA

_____CA

3. JUNTE AS SÍLABAS E ESCREVA A PALAVRA FORMADA.

BLO CO

CLU BE

CLA RO

FLE CHA

GLA CÊ

PLU MA

A TLAS

FLO CO

CLI MA

PLA CAR

# SONS DO X

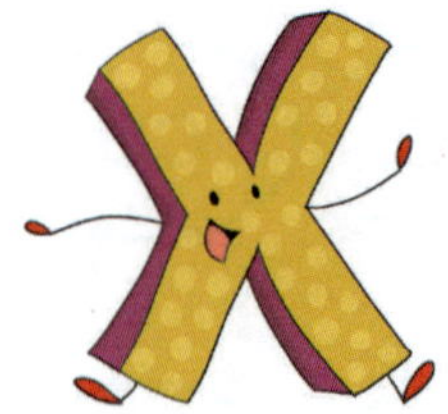

**1.** LEIA AS PALAVRAS EM VOZ ALTA E PERCEBA QUE A LETRA X REPRESENTA DIFERENTES SONS.

BEXIGA EXAME MÁXIMO EXTINTOR TÁXI

**2.** LIGUE AS PALAVRAS EM QUE A LETRA X REPRESENTA O MESMO SOM.

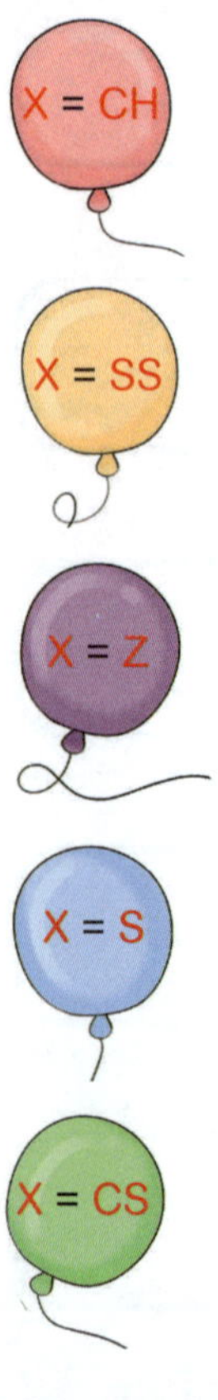


| | |
|---|---|
| LIXO | FIXO |
| PRÓXIMO | SEXTA |
| EXEMPLO | XERIFE |
| TEXTO | AUXÍLIO |
| MAXILAR | EXATO |

**3. LIGUE A PALAVRA AO BALÃO CORRESPONDENTE.**

EXTINTO

REFLEXO

EXÉRCITO

XAROPE

MÁXIMO

**4. CIRCULE A PALAVRA EM QUE O X TEM SOM DIFERENTE DOS DEMAIS.**

ABACAXI

PEIXE

ENXADA

XÍCARA

SAXOFONE

CAIXA

# SÍLABAS

MARIANA FALOU A PALAVRA **BORBOLETA** BEM DEVAGAR, PAUSADAMENTE.

CADA PEDACINHO DA PALAVRA EMITIDO DE UMA SÓ VEZ É CHAMADO DE **SÍLABA**.

**1.** SEPARE AS SÍLABAS COMO NOS EXEMPLOS A SEGUIR.

| LIMÃO | |
|---|---|
| LI | MÃO |

| MORANGO | | |
|---|---|---|
| MO | RAN | GO |

| FIGO | |
|---|---|
| | |

| COPO | |
|---|---|
| | |

| CANECA | | |
|---|---|---|
| | | |

| BULE | |
|---|---|
| | |

| RATO | |
|---|---|
| | |

| JACARÉ | | |
|---|---|---|
| | | |

| BOTO | |
|---|---|
| | |

**2. JUNTE AS SÍLABAS E ESCREVA AS PALAVRAS.**

CAR | RO

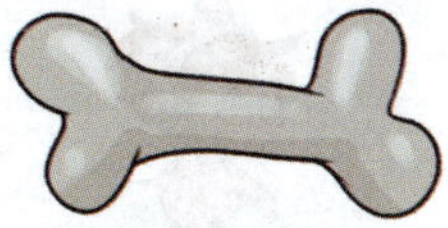

OS | SO

> NA SEPARAÇÃO SILÁBICA, AS LETRAS REPETIDAS DOS DÍGRAFOS RR E SS FICAM LADO A LADO, MAS EM SÍLABAS DIFERENTES

CAR | ROS | SEL

GI | RAS | SOL

TER | RA

**3. SEPARE AS SÍLABAS DAS PALAVRAS A SEGUIR.**

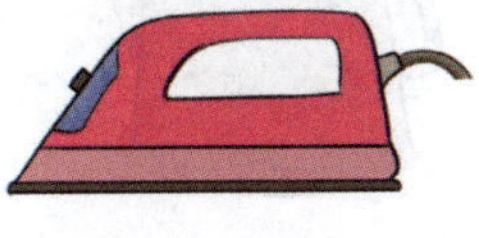

| FERRO | |
|---|---|
| | |

| CARRETEL | | |
|---|---|---|
| | | |

| GUITARRA | | |
|---|---|---|
| | | |

| PASSO | |
|---|---|
| | |

| PÊSSEGO | | |
|---|---|---|
| | | |

| PÁSSARO | | |
|---|---|---|
| | | |

**4. SEPARE AS SÍLABAS DAS PALAVRAS A SEGUIR.**

| DADO | |
|---|---|
| | |

| BONECA | | |
|---|---|---|
| | | |

| PETECA | | |
|---|---|---|
| | | |

| PENTE | |
|---|---|
| | |

| ESCOVA | | |
|---|---|---|
| | | |

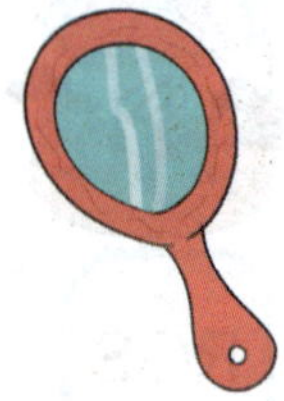

| ESPELHO | | |
|---|---|---|
| | | |

| FUNIL | |
|---|---|
| | |

| SERROTE | | |
|---|---|---|
| | | |

| REGADOR | | |
|---|---|---|
| | | |

| BALDE | |
|---|---|
| | |

| CHUPETA | | |
|---|---|---|
| | | |

| JANELA | | |
|---|---|---|
| | | |

# PLURAL

**1. FORME O PLURAL, ACRESCENTANDO S À ULTIMA VOGAL, CONFORME O EXEMPLO ABAIXO.**

|  CANOA |  PICOLÉ |  CAQUI |  POMBO |
|---|---|---|---|
| CANOAS | | | |
|  URUBU |  JARRA |  PIRULITO |  LEQUE |
| | | | |

**2. FORME O PLURAL, ACRESCENTANDO ES APÓS O R FINAL, CONFORME O EXEMPLO.**

- CANTOR CANTORES
- SABOR ______________________
- COLHER ______________________
- TAMBOR ______________________
- MULHER ______________________
- INVENTOR ______________________

3. FORME O PLURAL, ACRESCENTANDO ES APÓS O Z.

- VOZ VOZES
- GIZ ______
- LUZ ______
- CRUZ ______
- ATRIZ ______
- RAPAZ ______
- CAPAZ ______
- FELIZ ______

4. FORME O PLURAL, SUBSTITUINDO O M FINAL POR NS.

- BOMBOM BOMBONS
- SOM ______
- BATOM ______
- NUVEM ______
- JARDIM ______

5. ACRESCENTE S À ULTIMA VOGAL E FORME O PLURAL.

- GRÃO ______
- IRMÃO ______
- CRISTÃO ______
- CIDADÃO ______
- BÊNÇÃO ______
- ÓRGÃO ______

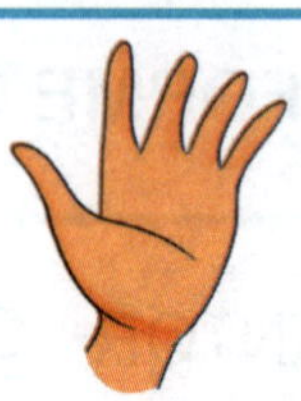

MÃO

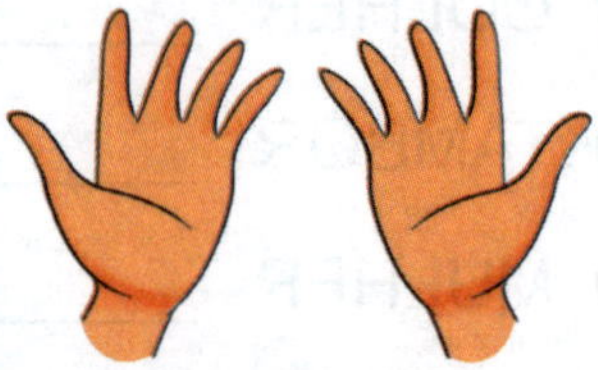

MÃOS

## 6. FORME O PLURAL, SUBSTITUINDO -ÃO POR -ÕES.

- LEÃO ______________________
- BOTÃO ______________________
- AVIÃO ______________________
- BALÃO ______________________
- CANÇÃO ______________________
- FEIJÃO ______________________
- MAMÃO ______________________
- ESTAÇÃO ______________________

LIMÃO

LIMÕES

## 7. FORME O PLURAL, SUBSTITUINDO -ÃO POR -ÃES.

- PÃO ______________________
- MÃE ______________________
- CAPITÃO ______________________
- GUARDIÃO ______________________
- ALEMÃO ______________________
- CAPELÃO ______________________
- ESCRIVÃO ______________________
- SACRISTÃO ______________________

CÃO

CÃES

# ANTÔNIMOS E SINÔNIMOS

**1.** MARQUE A PALAVRA QUE TEM SENTIDO SEMELHANTE.

RÁPIDO

- [ ] LENTO
- [ ] LERDO
- [ ] ÁGIL
- [ ] VAGAROSO

**2.** MARQUE A PALAVRA QUE TEM SENTIDO CONTRÁRIO.

RÁPIDO

- [ ] VELOZ
- [ ] LENTO
- [ ] LIGEIRO
- [ ] ÁGIL

PALAVRAS COM SENTIDOS **SEMELHANTES** SÃO SINÔNIMOS.
PALAVRAS COM SENTIDOS **CONTRÁRIOS** SÃO ANTÔNIMOS.

**3.** PINTE O SINÔNIMO DE CADA PALAVRA DESTACADA.

| | | | |
|---|---|---|---|
| **INÍCIO** | FINAL | TÉRMINO | COMEÇO |
| **ANIMAL** | PLANTA | BICHO | VEGETAL |
| **IRMÃO** | PRIMO | PARENTE | MANO |
| **PERTO** | PRÓXIMO | LONGE | DISTANTE |
| **FELIZ** | TRISTE | ALEGRE | CALMO |

**4. LIGUE OS ANTÔNIMOS CORRESPONDENTES.**

ABERTO

CHEIO

IGUAL

MUITO

DIFERENTE

POUCO

FECHADO

VAZIO

**5. MARQUE A PARA ANTÔNIMOS E S PARA SINÔNIMOS.**

| | | |
|---|---|---|
| ☐ | CACHORRO | CÃO |
| ☐ | ALTO | BAIXO |
| ☐ | QUEDA | TOMBO |
| ☐ | CEDO | TARDE |
| ☐ | COMPRIDO | LONGO |
| ☐ | QUENTE | FRIO |

# DIMINUTIVO E AUMENTATIVO

PATINHO
(DIMINUTIVO)

PATO
(GRAU NORMAL)

PATÃO
(AUMENTATIVO)

1. **DIMINUTIVO** É O TAMANHO **MENOR** DO QUE O NORMAL. ESCREVA ESTAS PALAVRAS NO **DIMINUTIVO**.

GATO

LATA

BOLA

2. **AUMENTATIVO** É O TAMANHO **MAIOR** DO QUE O NORMAL. ESCREVA ESTAS PALAVRAS NO **AUMENTATIVO**.

SAPO

PANELA

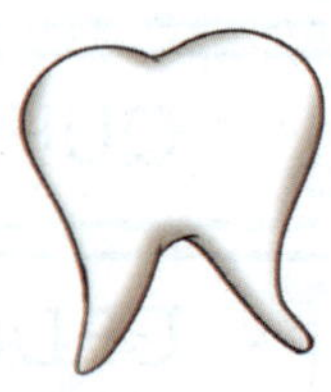

DENTE

3. PINTE DE AMARELO O ELEFANTE PARA O QUAL PODERIA SER USADO O DIMINUTIVO **ELEFANTINHO.**

4. PINTE O PEIXE PARA O QUAL PODERIA SER USADO O AUMENTATIVO **PEIXÃO.**

5. PINTE A PORTA QUE PODE SER CHAMADA DE **PORTINHA.**

## FEMININO E MASCULINO

1. DÊ O FEMININO TROCANDO A LETRA O FINAL POR A.

- GATO GATA
- PRIMO ______
- TIO ______
- POMBO ______
- PATO ______
- BONECO ______
- MOÇO ______
- MÉDICO ______
- PORCO ______
- MENINO ______
- FILHO ______
- VELHO ______
- ALUNO ______
- BRANCO ______

2. DÊ O FEMININO ACRESCENTANDO A LETRA A.

- CANTOR CANTORA
- DOUTOR ______
- PASTOR ______
- PINTOR ______
- PROFESSOR ______
- ZELADOR ______
- VENDEDOR ______
- VEREADOR ______

3. DÊ O FEMININO ACRESCENTANDO A LETRA A.

- CHINÊS CHINESA
- JAPONÊS ______
- INGLÊS ______
- MARQUÊS ______
- FRANCÊS ______
- CAMPONÊS ______
- FREGUÊS ______
- PORTUGUÊS ______

4. DÊ O FEMININO DAS PALAVRAS A SEGUIR, SEGUINDO OS EXEMPLOS.

| | |
|---|---|
| CAPITÃO CAPITÃ | PAVÃO PAVOA |
| IRMÃO ______ | LEÃO ______ |
| CAMPEÃO ______ | LEITÃO ______ |
| ANÃO ______ | PATRÃO ______ |

5. PINTE O FEMININO NA MESMA COR DO MASCULINO.

| | |
|---|---|
| REI | DUQUESA |
| BARÃO | CONDESSA |
| DUQUE | PRINCESA |
| CONDE | RAINHA |
| PRÍNCIPE | BARONESA |

6. LIGUE O FEMININO AO MASCULINO CORRESPONDENTE.

| | |
|---|---|
| ATOR | EMBAIXATRIZ |
| EMBAIXADOR | IMPERATRIZ |
| IMPERADOR | ATRIZ |

## FEMININO E MASCULINO

**7.** USANDO AS LETRAS INDICADAS, ASSOCIE O MASCULINO AO FEMININO CORRESPONDENTE.

(A)

BODE

(B)

CARNEIRO

(C)

CAVALO

(D)

TOURO / BOI

( )

VACA

( )

ÉGUA

( )

CABRA

( )

OVELHA

**8.** LIGUE O MASCULINO AO FEMININO CORRESPONDENTE.

| | |
|---|---|
| PADRINHO | MADRASTA |
| ZANGÃO | CADELA |
| MACHO | MADRINHA |
| PADRASTO | FÊMEA |
| CÃO | ABELHA |

# ACENTUAÇÃO GRÁFICA

ESTE É O ACENTO AGUDO ´. ELE INDICA QUE O SOM DA VOGAL É ABERTO, COMO NA PALAVRA AVÓ.

ESTE É O ACENTO CIRCUNFLEXO ^. ELE INDICA QUE O SOM DA VOGAL É FECHADO, COMO NA PALAVRA AVÔ.

**1.** DEIXE O SOM ABERTO, ACENTUANDO A VOGAL A DA ÚLTIMA SÍLABA, COMO NO EXEMPLO.

PÁ

| | |
|---|---|
| SOFA | GUARANA |
| FUBA | TAMANDUA |
| XARA | CEARA |
| SABIA | MARINGA |
| CRACHA | ANANAS |
| MARACUJA | PARANA |

**2.** DEIXE O SOM ABERTO, ACENTUANDO A VOGAL E DA ÚLTIMA SÍLABA, COMO NO EXEMPLO.

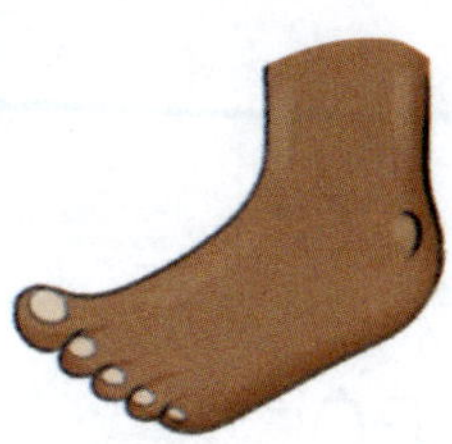

PÉ

| | |
|---|---|
| JACARE | FILE |
| SAPE | CAFUNE |
| CAFE | BONE |
| JOSE | PONTAPE |
| FE | NOE |
| BALE | CHAMINE |

**3. DEIXE O SOM ABERTO, ACENTUANDO A VOGAL O NO FINAL DA PALAVRA, COMO NO EXEMPLO.**

AVÓ

| | |
|---|---|
| PO | JILO |
| NO | FILO |
| CIPO | PALETO |
| DOMINO | MOCOTO |

**4. DEIXE O SOM FECHADO, ACENTUANDO A VOGAL E NO FINAL DA PALAVRA, COMO NO EXEMPLO.**

BEBÊ

| | |
|---|---|
| LE | MES |
| VE | IPE |
| PURE | BUFE |
| VOCE | CROCHE |

**5. DEIXE O SOM FECHADO, ACENTUANDO A VOGAL O DA ÚLTIMA SÍLABA, COMO NO EXEMPLO.**

AVÔ

| | |
|---|---|
| JUDO | TRICO |
| PIVO | ROBO |
| METRO | MAIO |
| BISAVO | BIBELO |